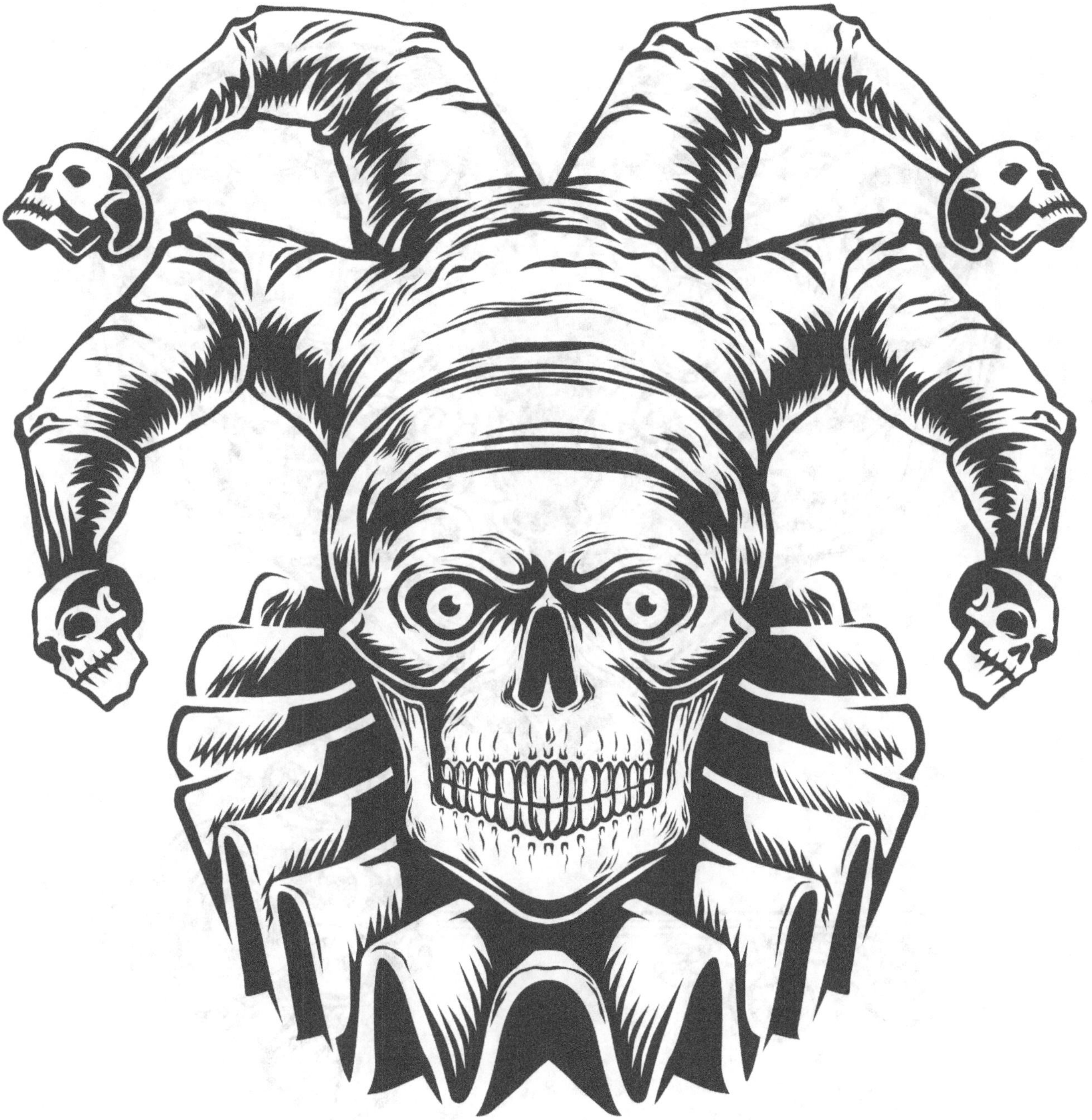

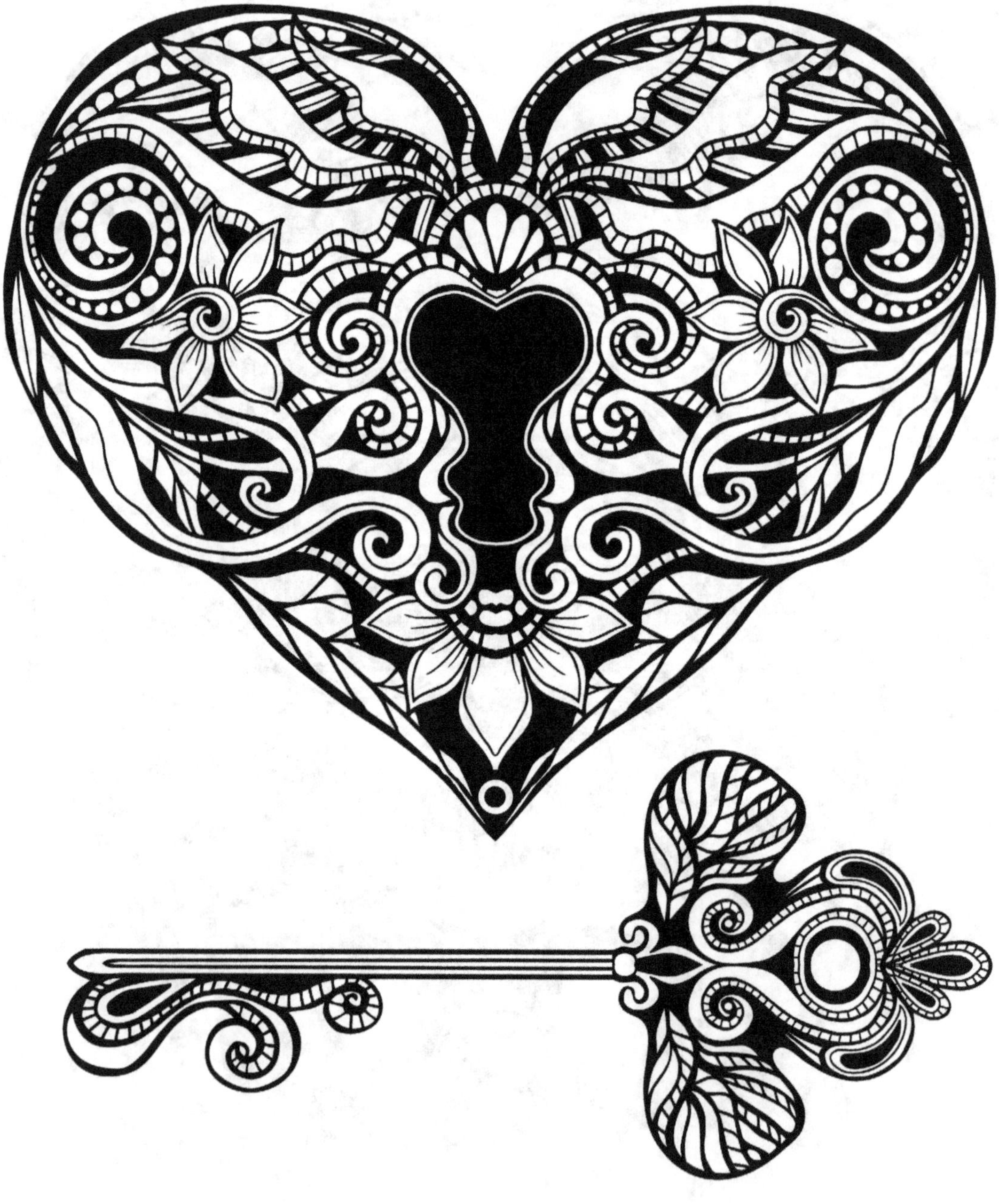

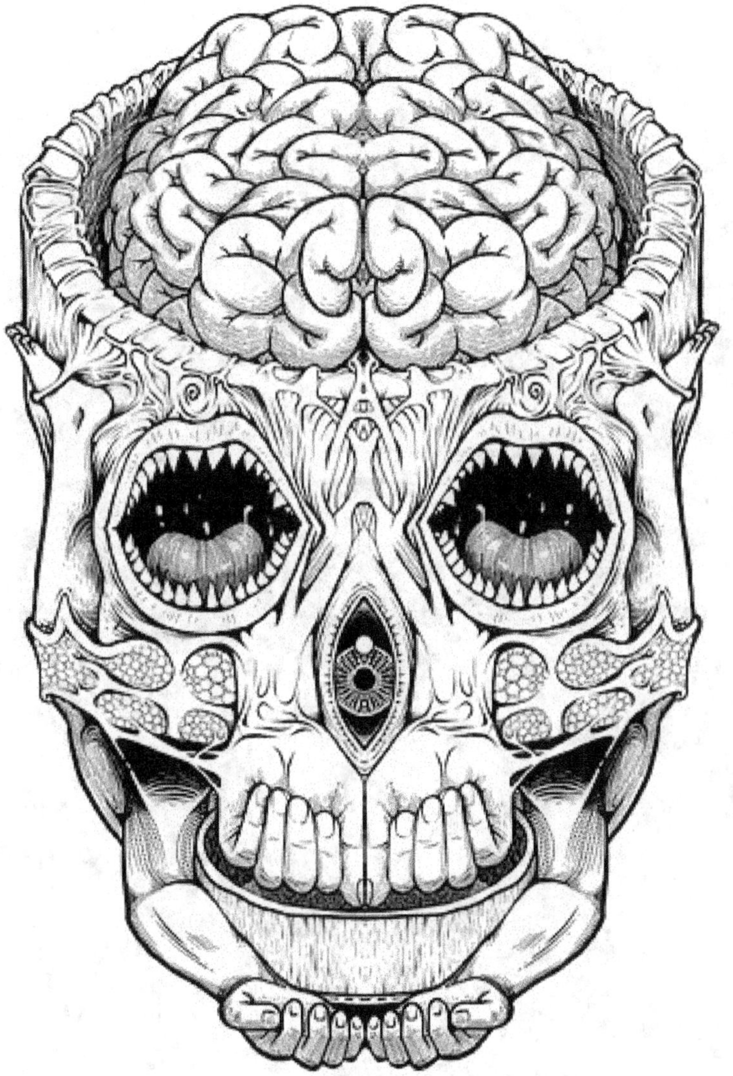

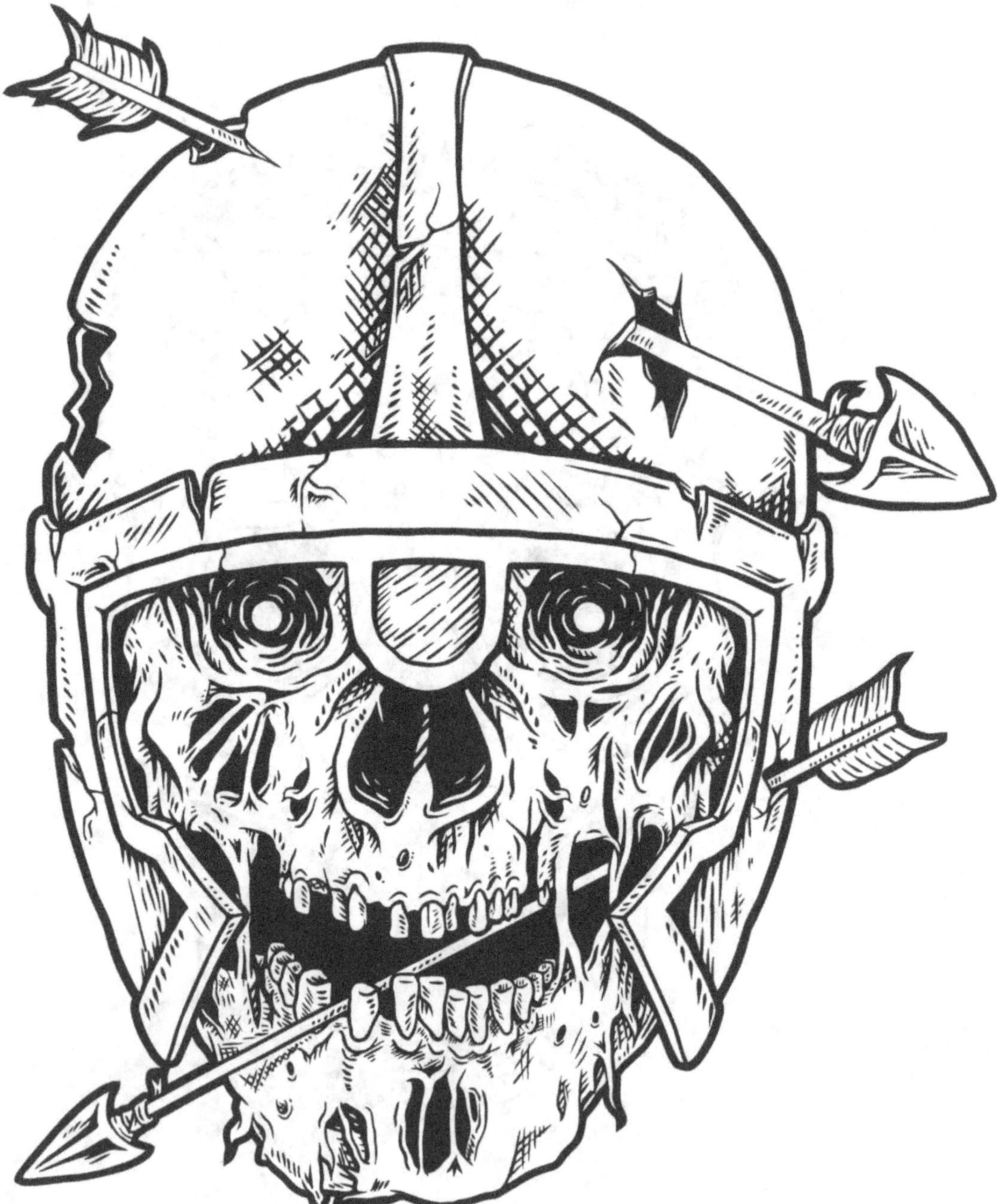

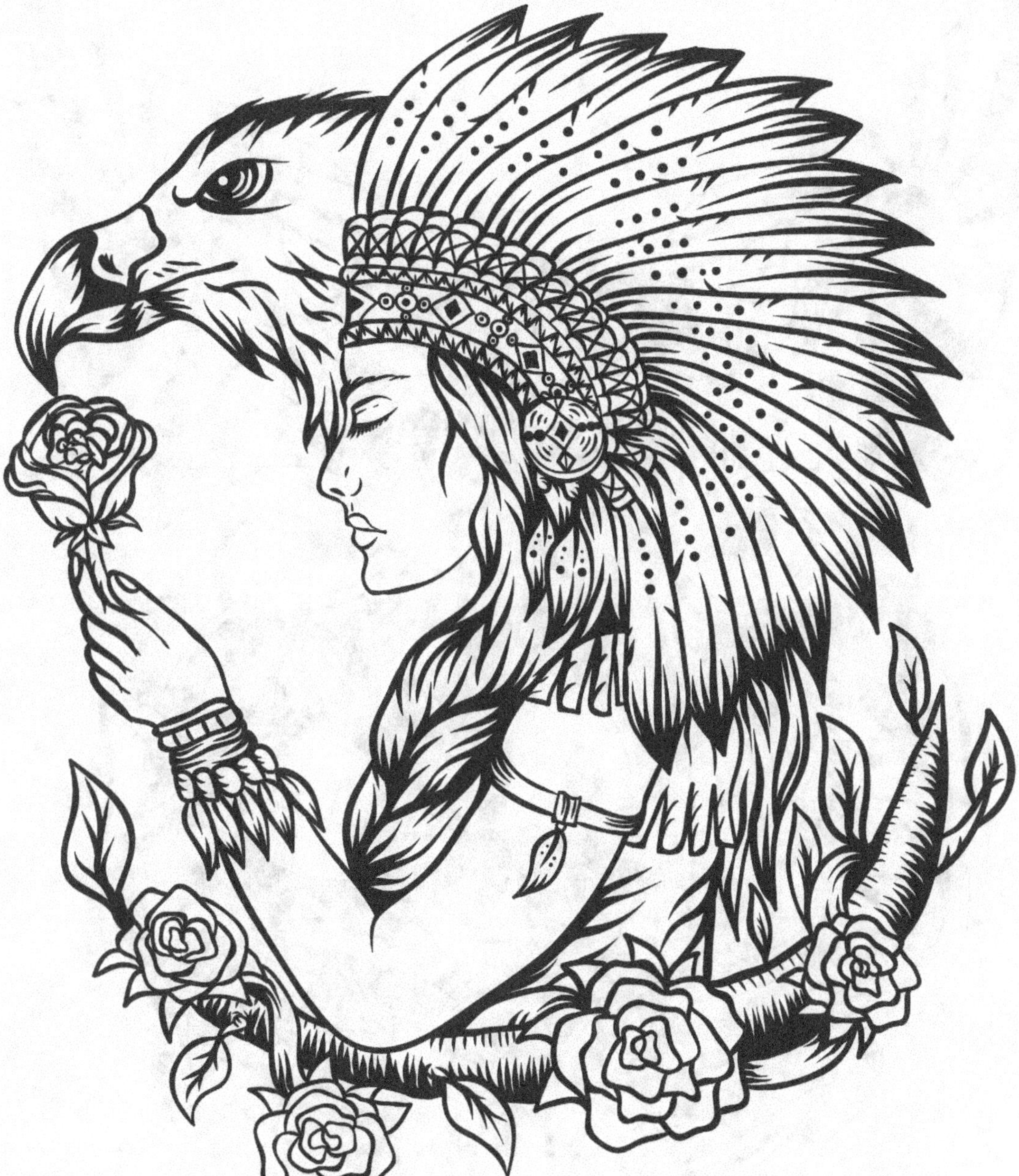

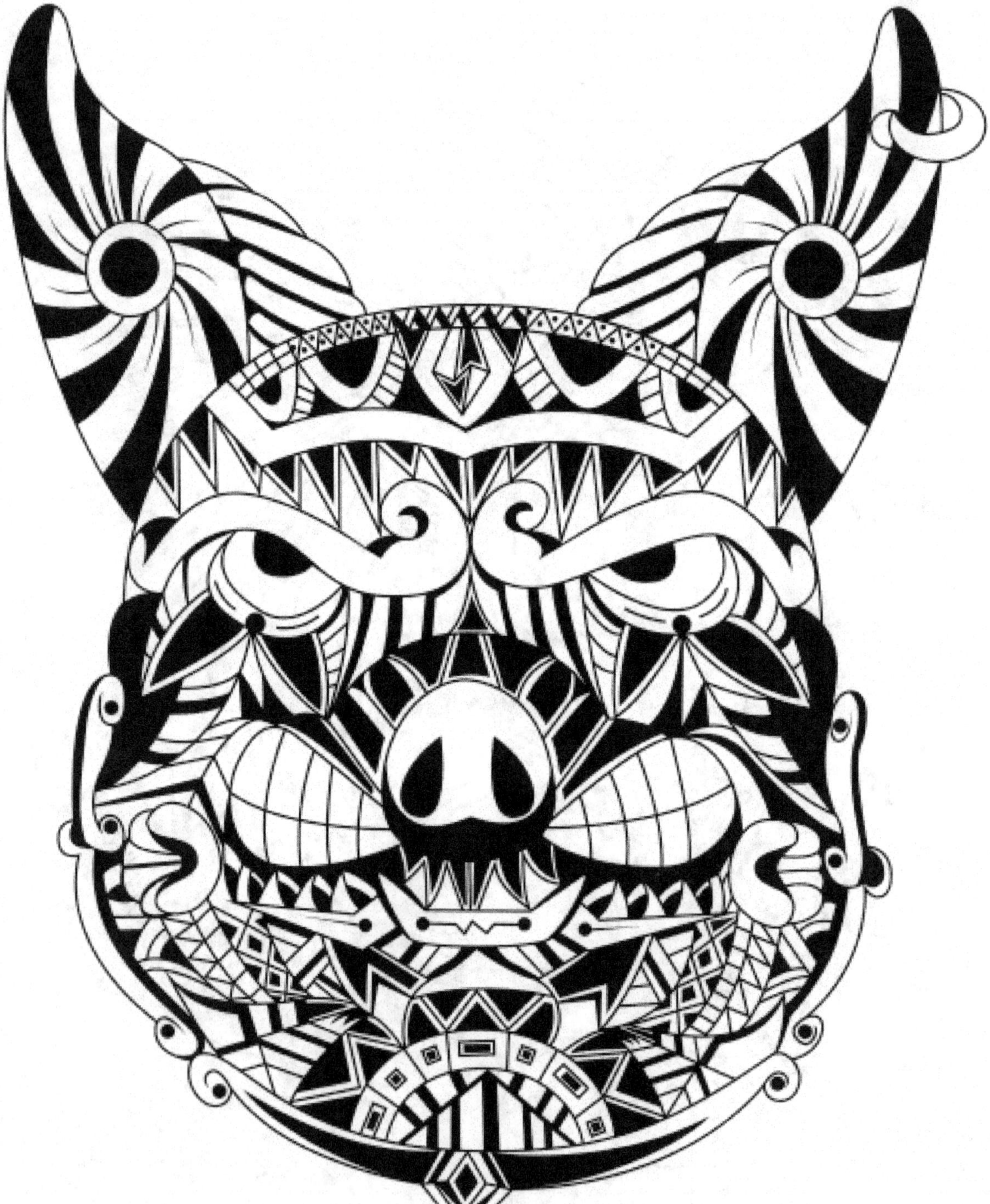

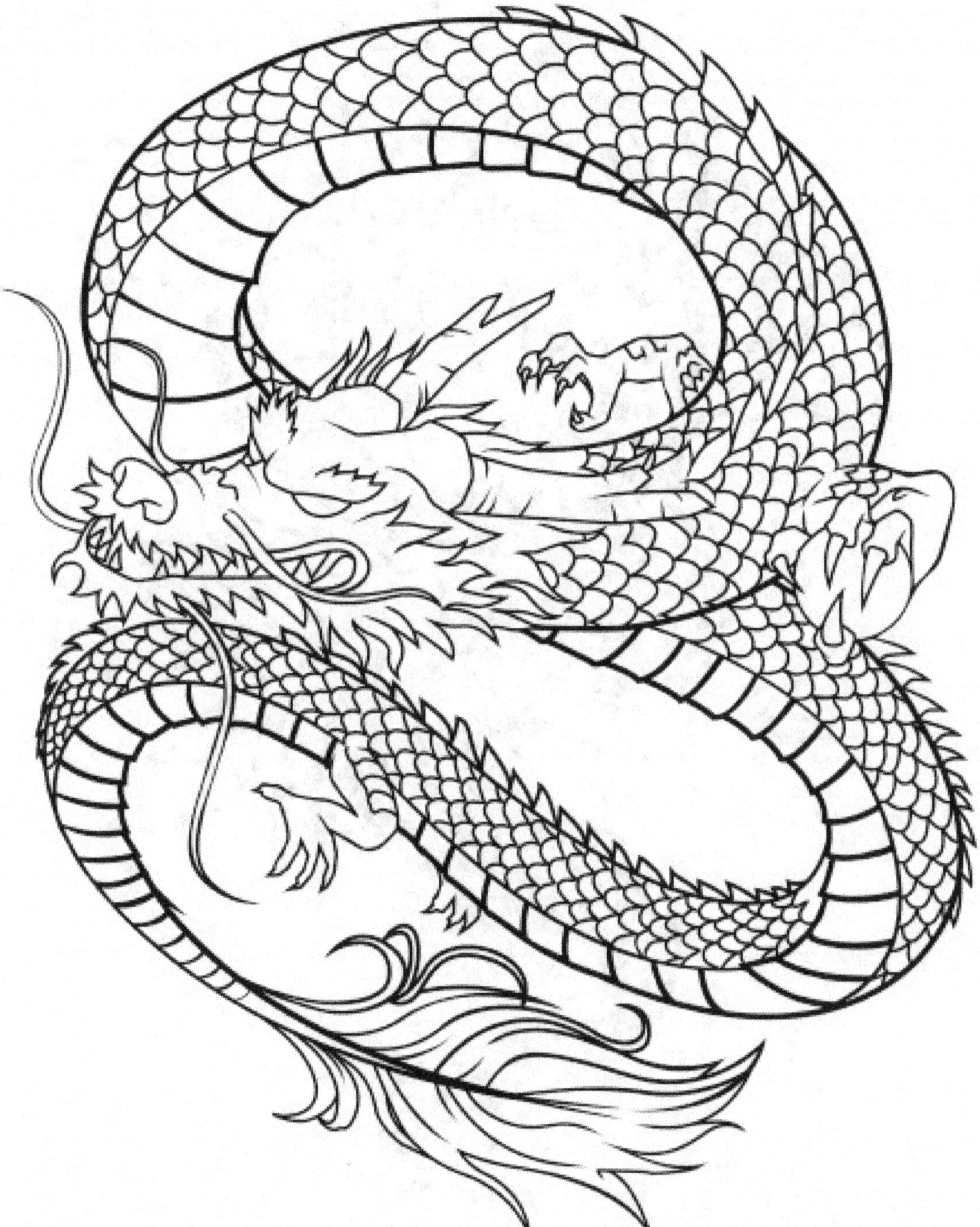

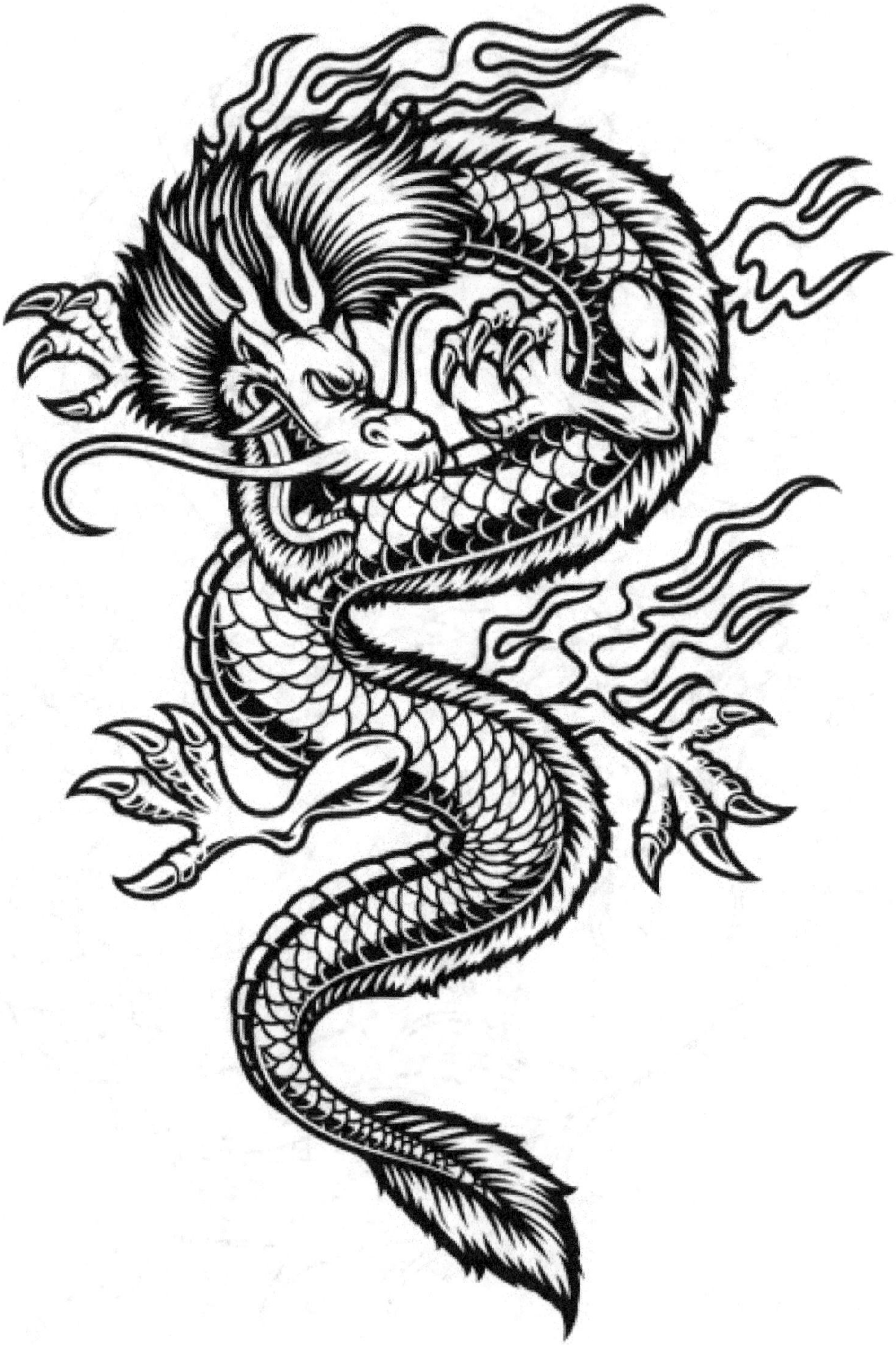

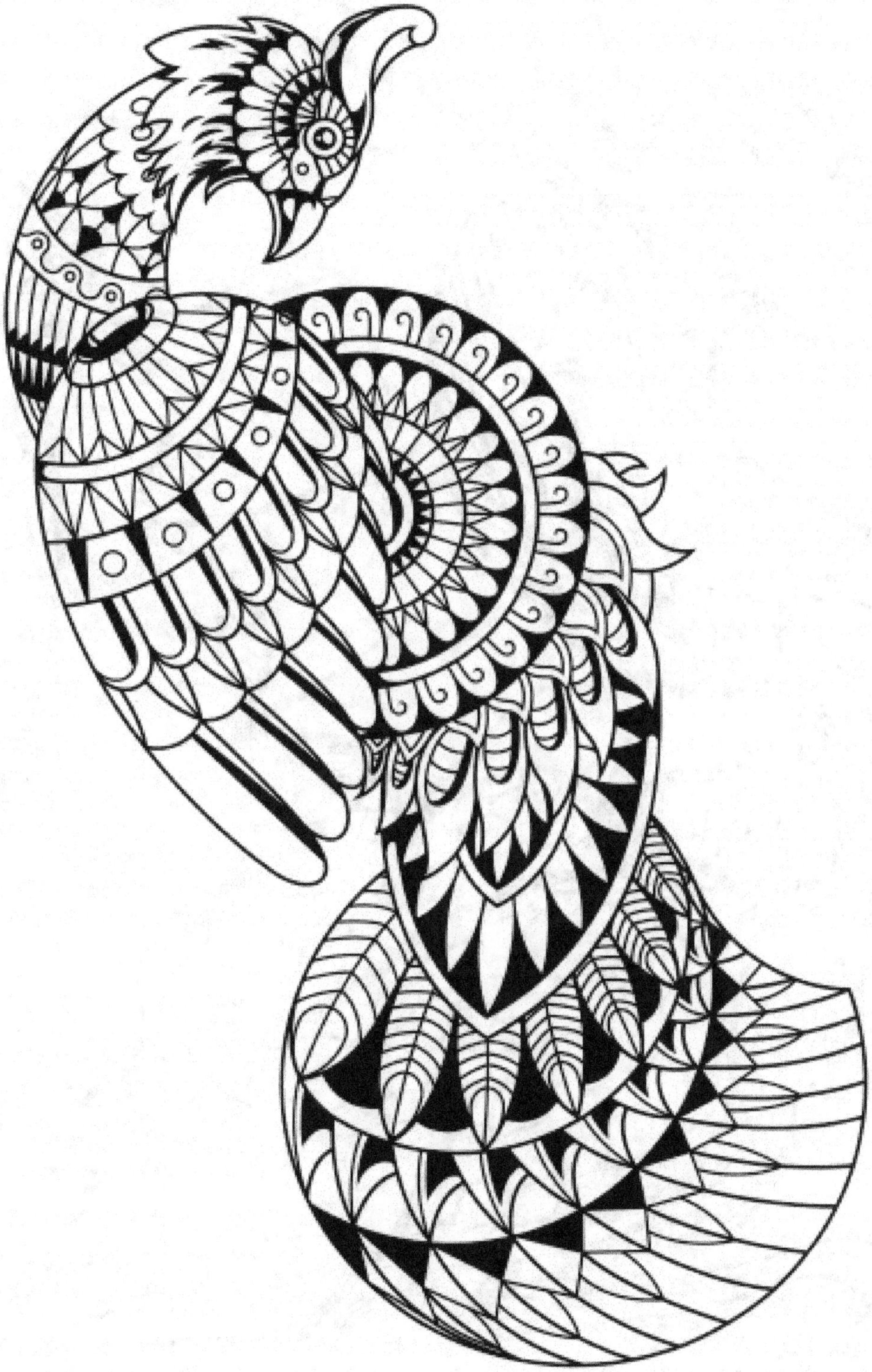

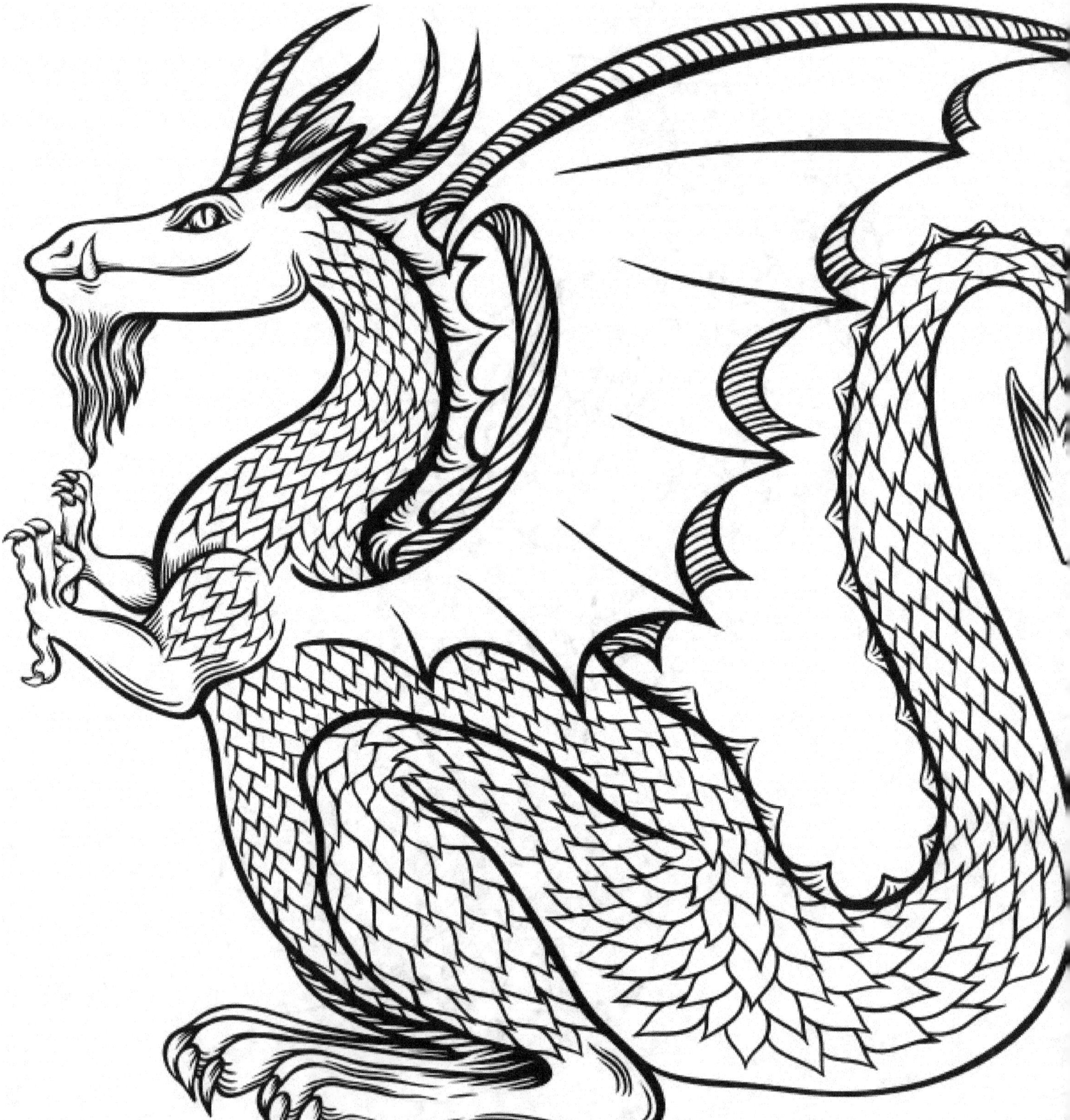

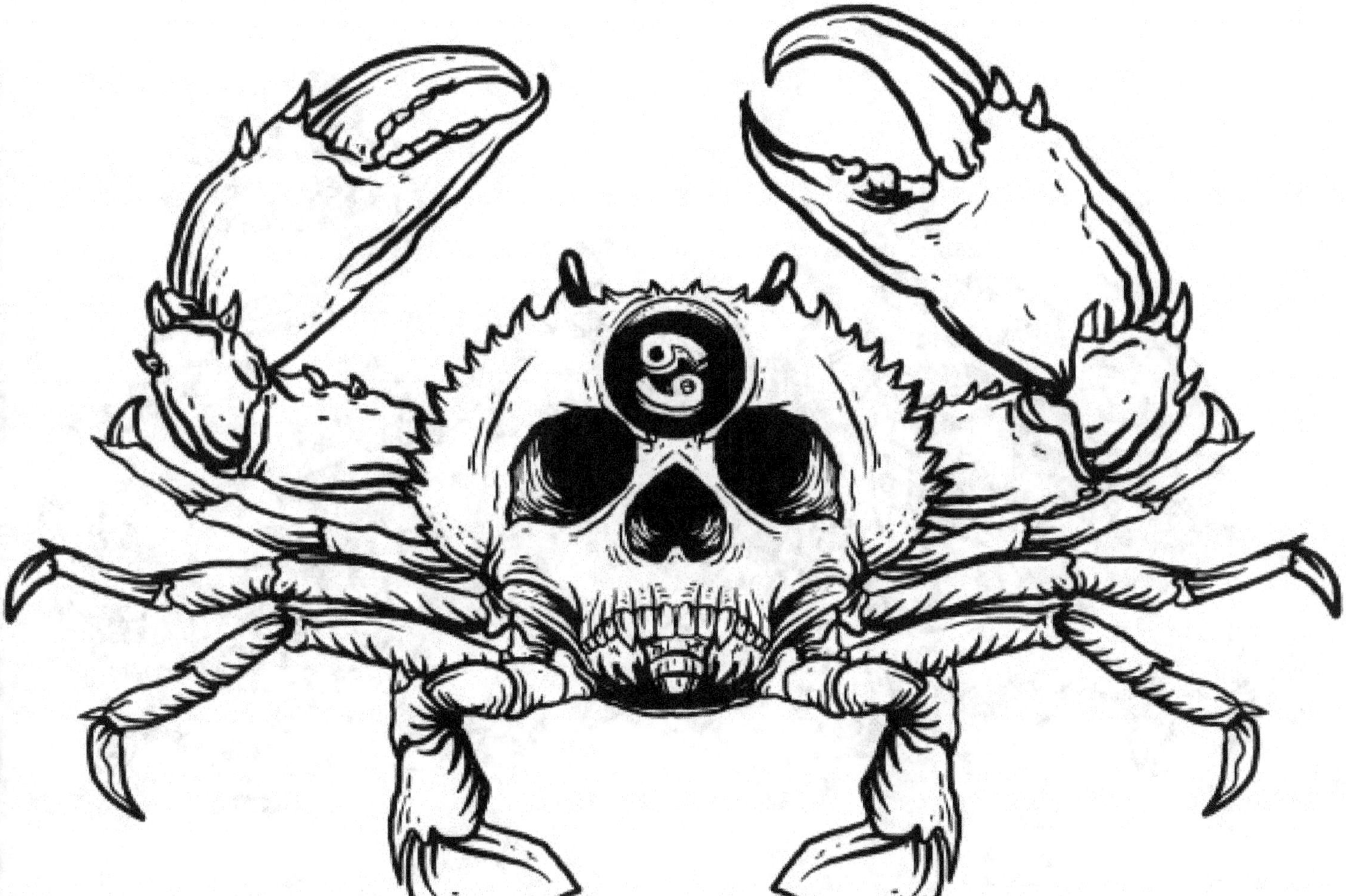

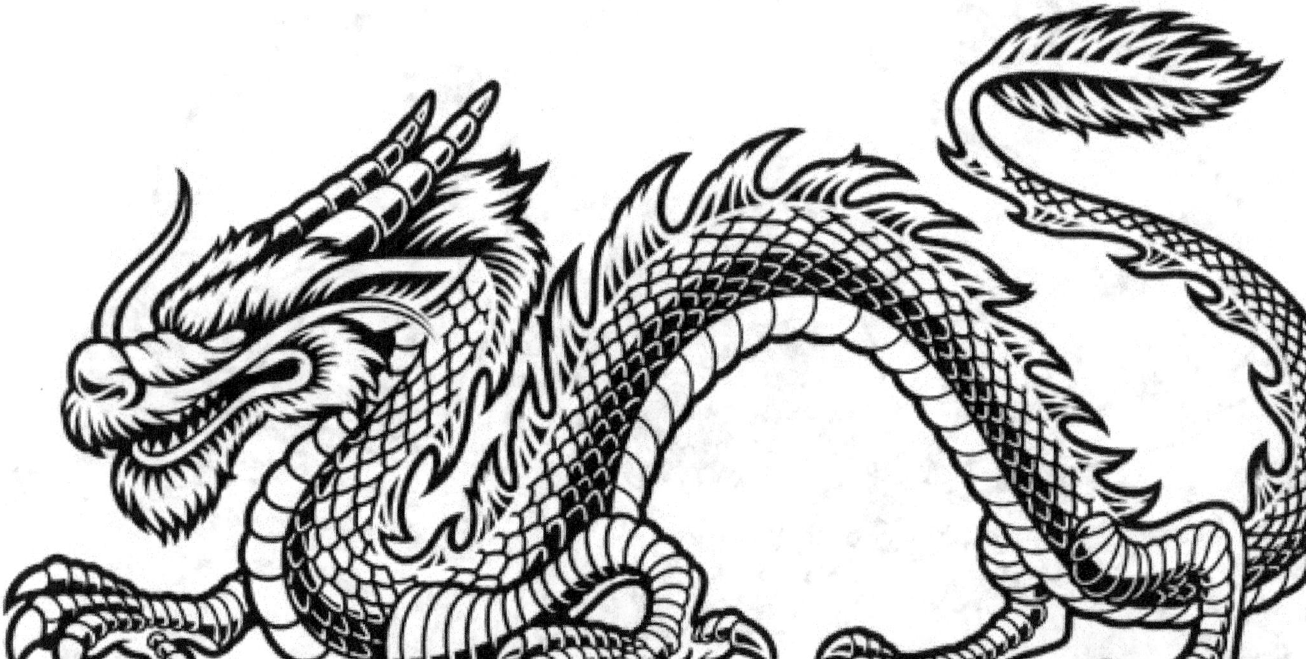

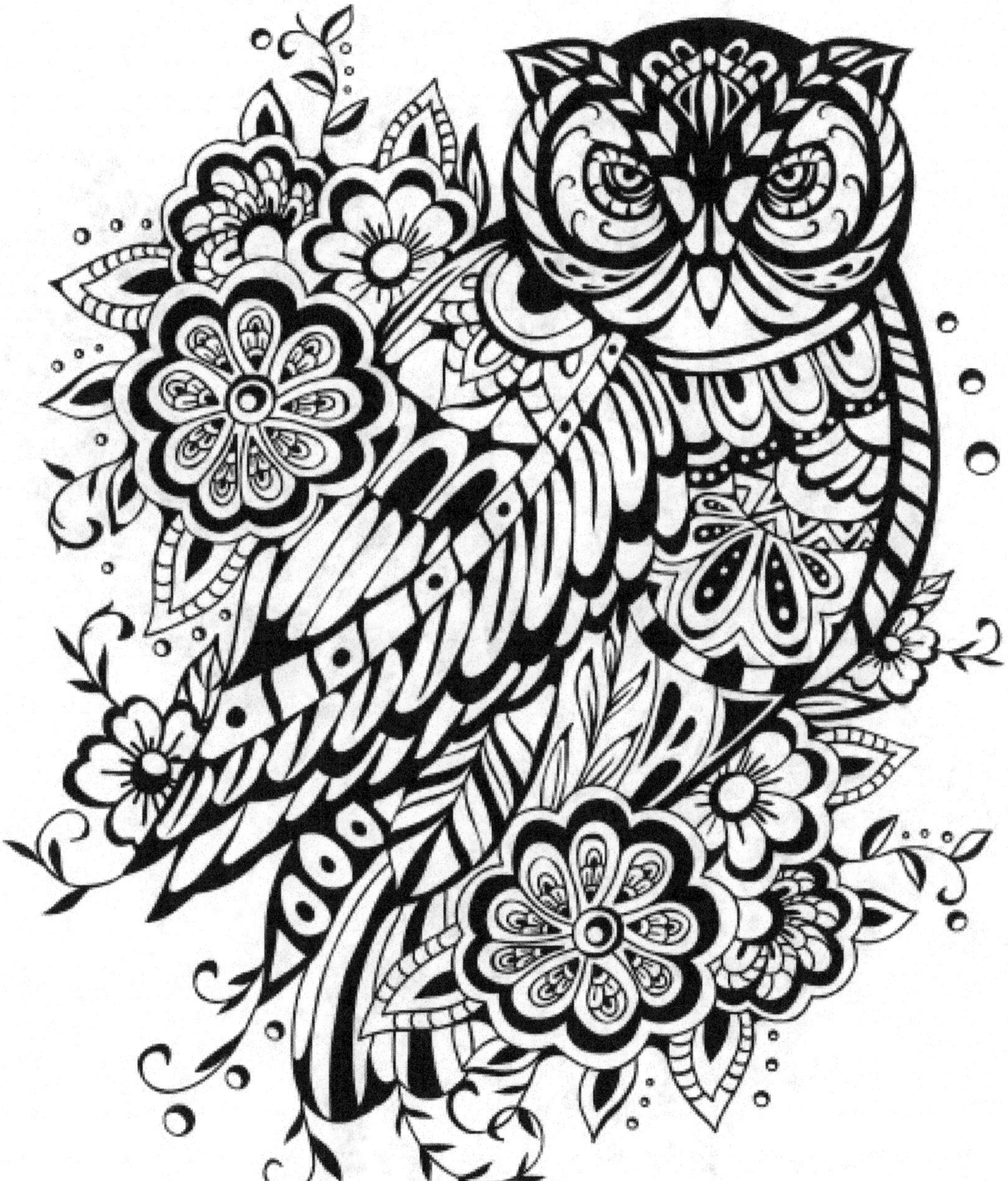

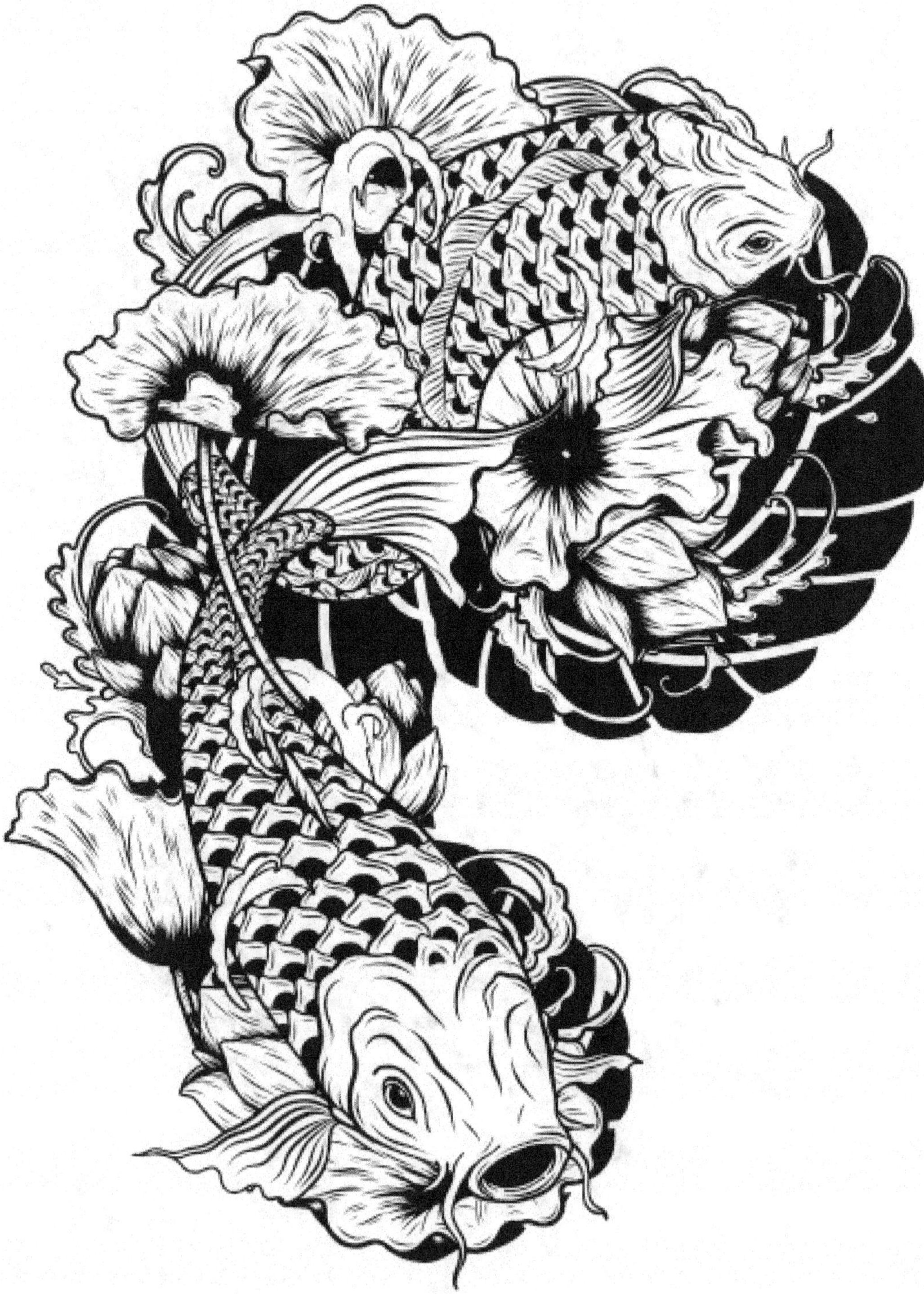

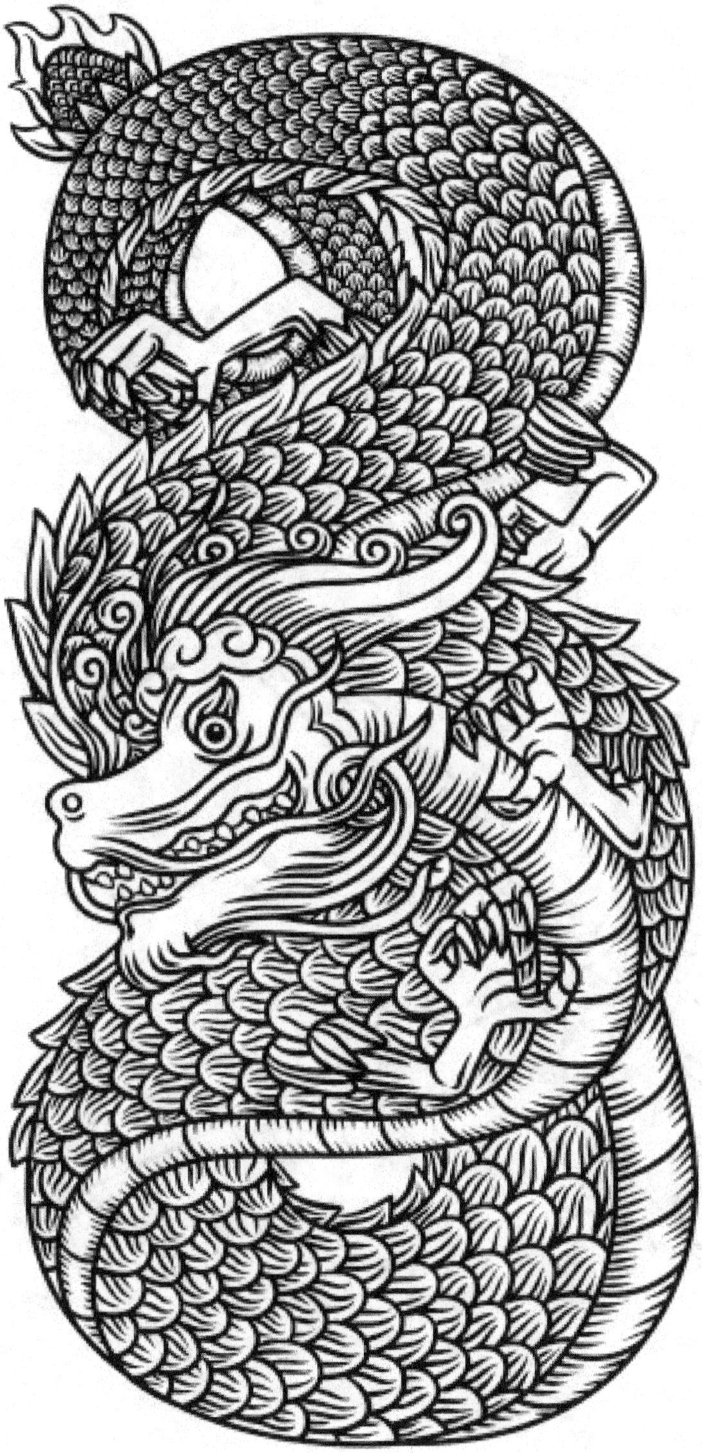

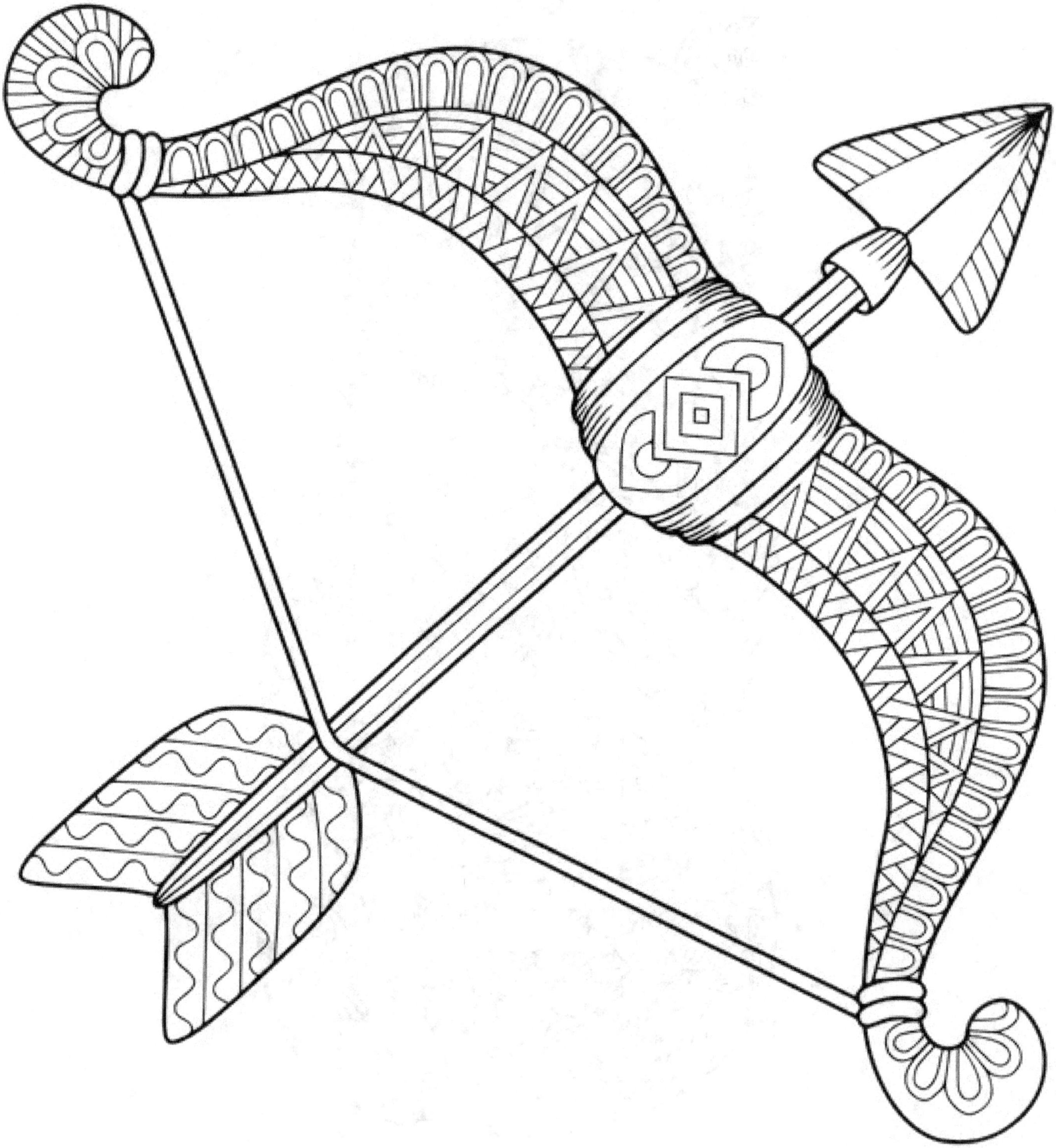

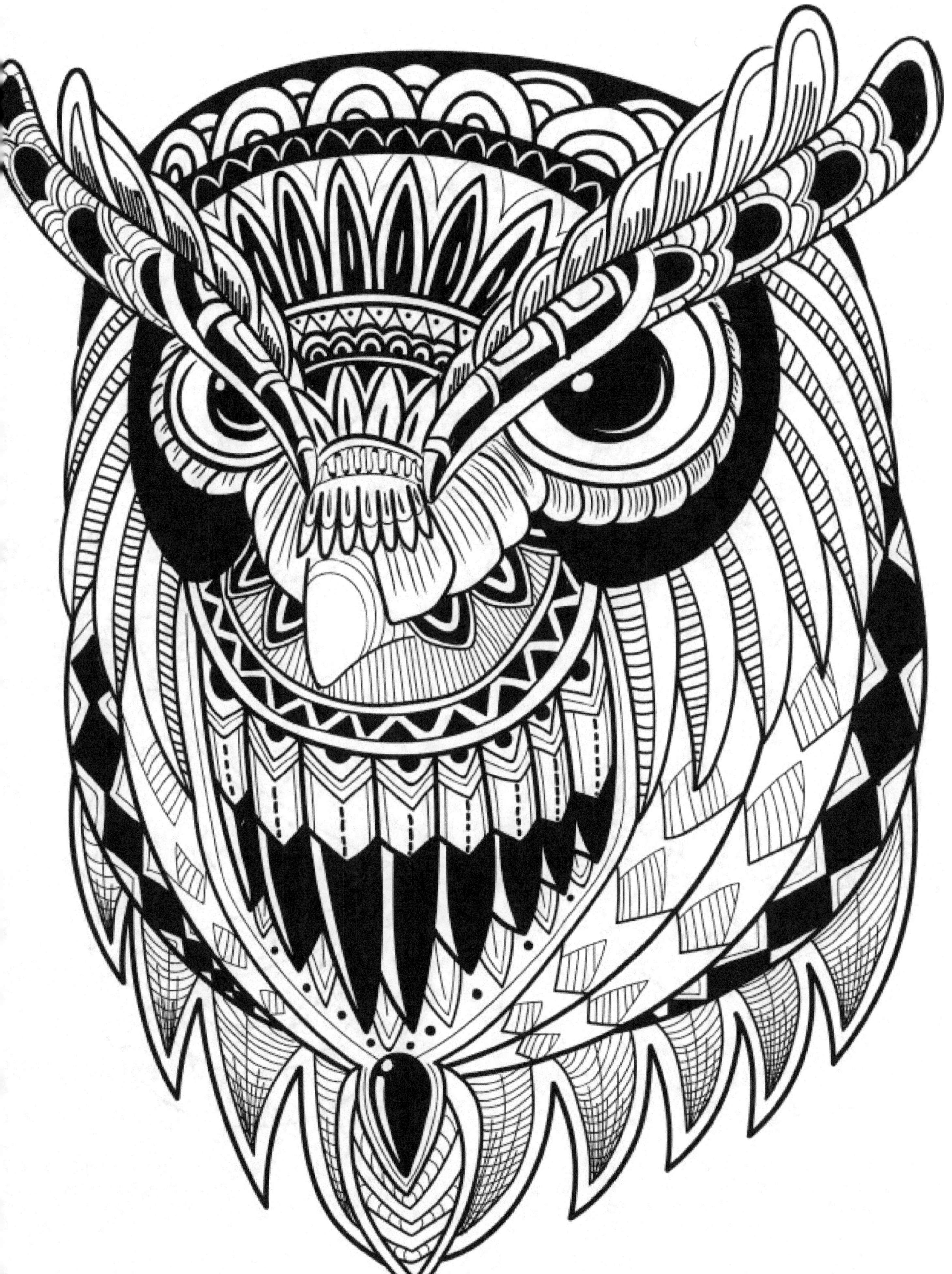

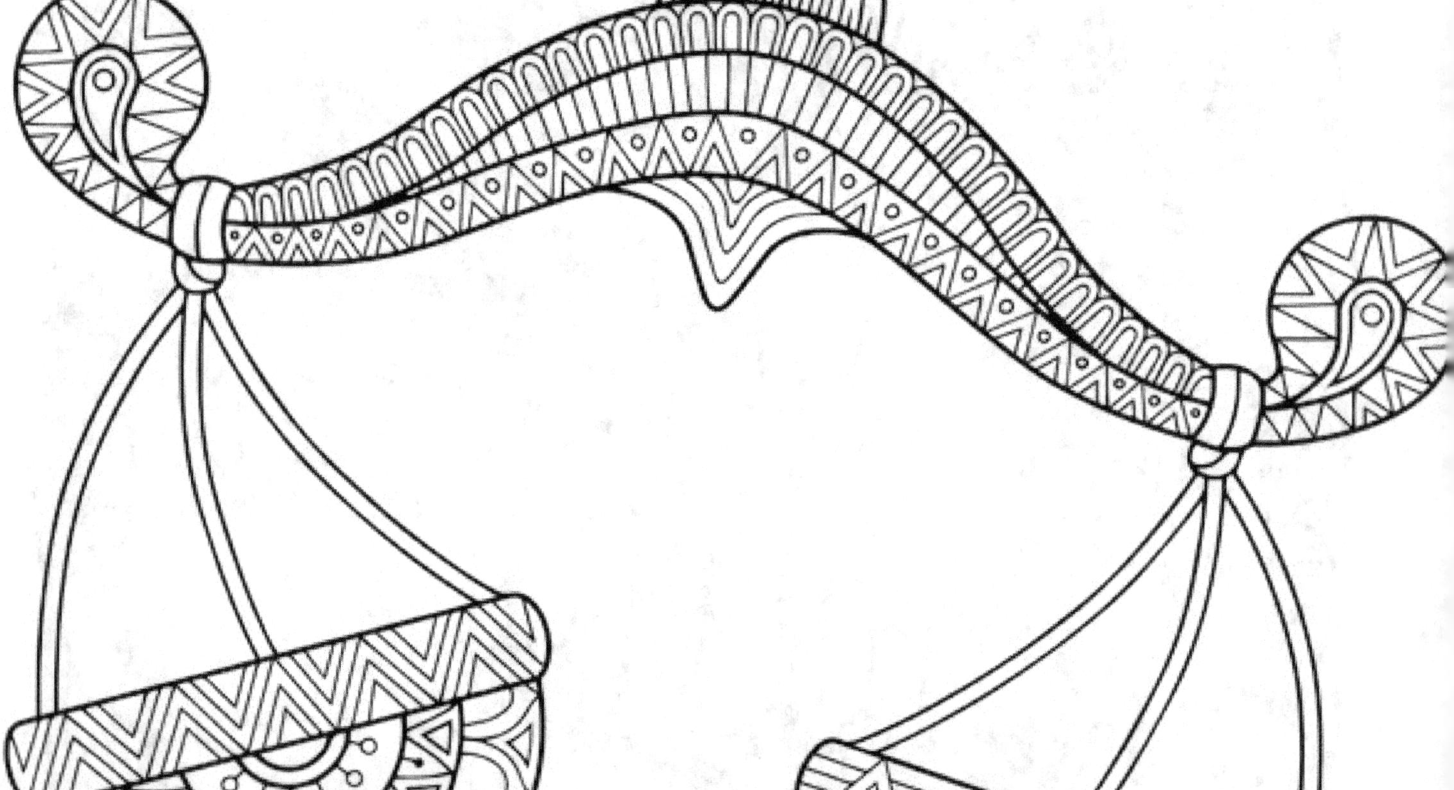

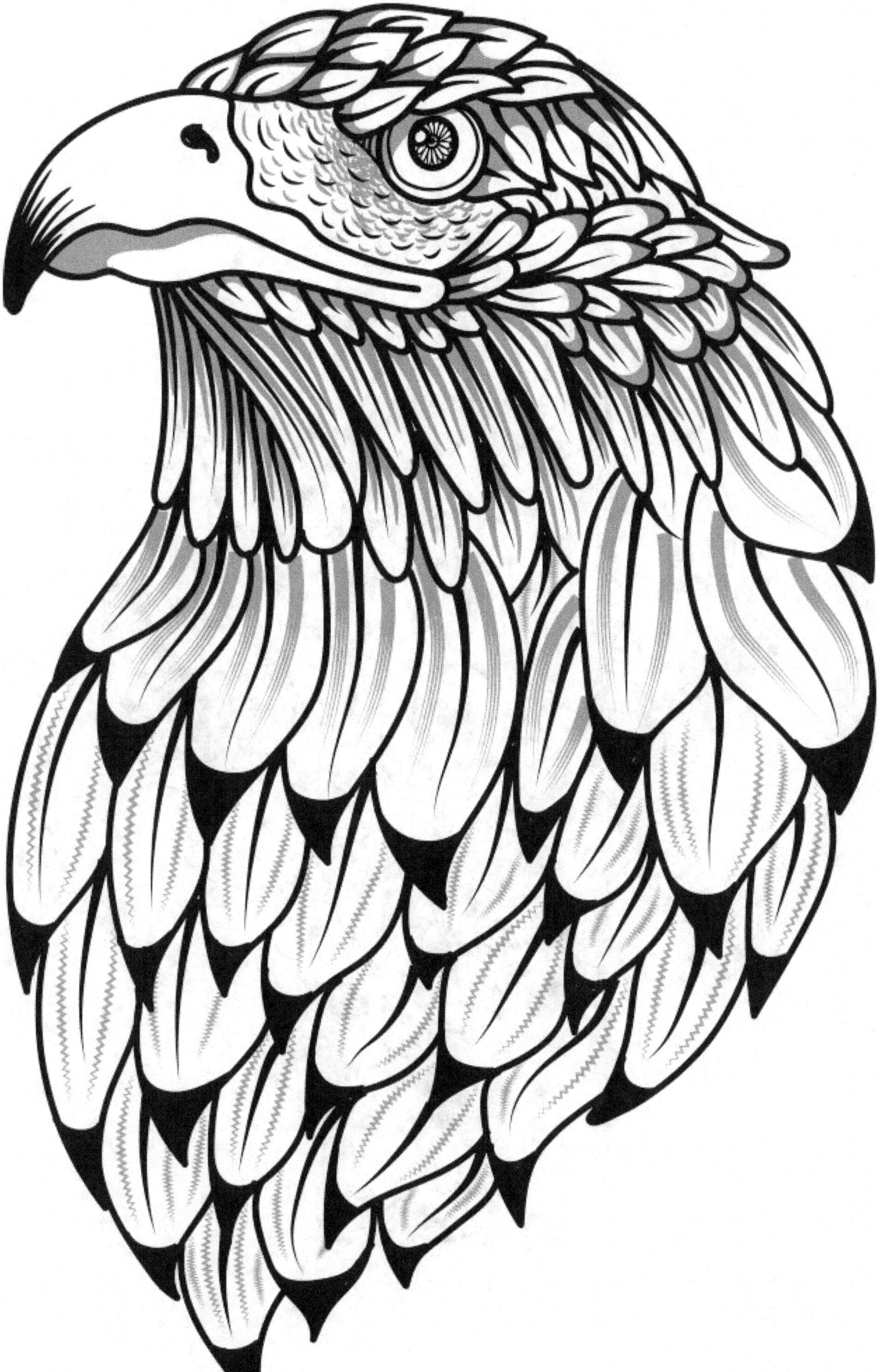

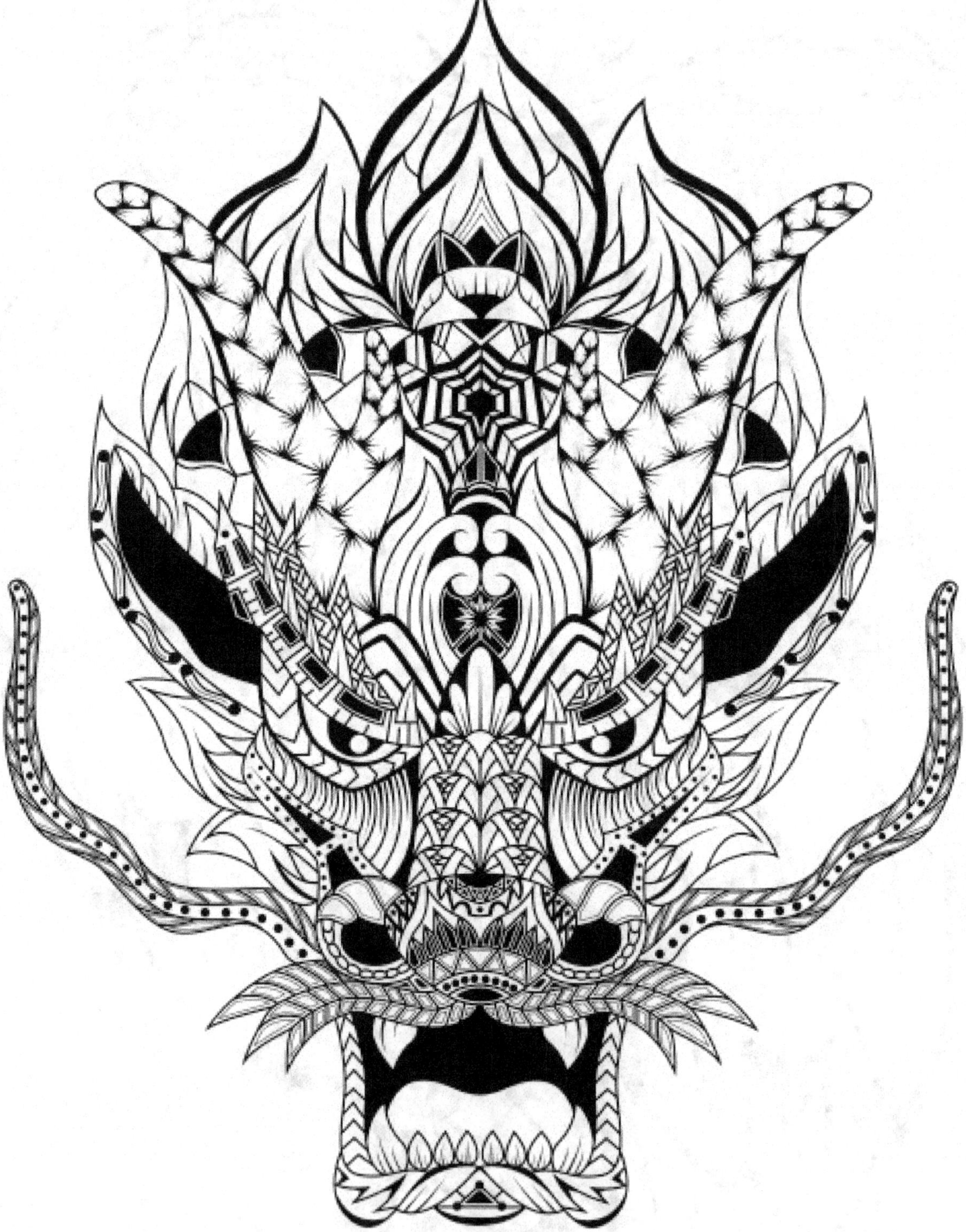

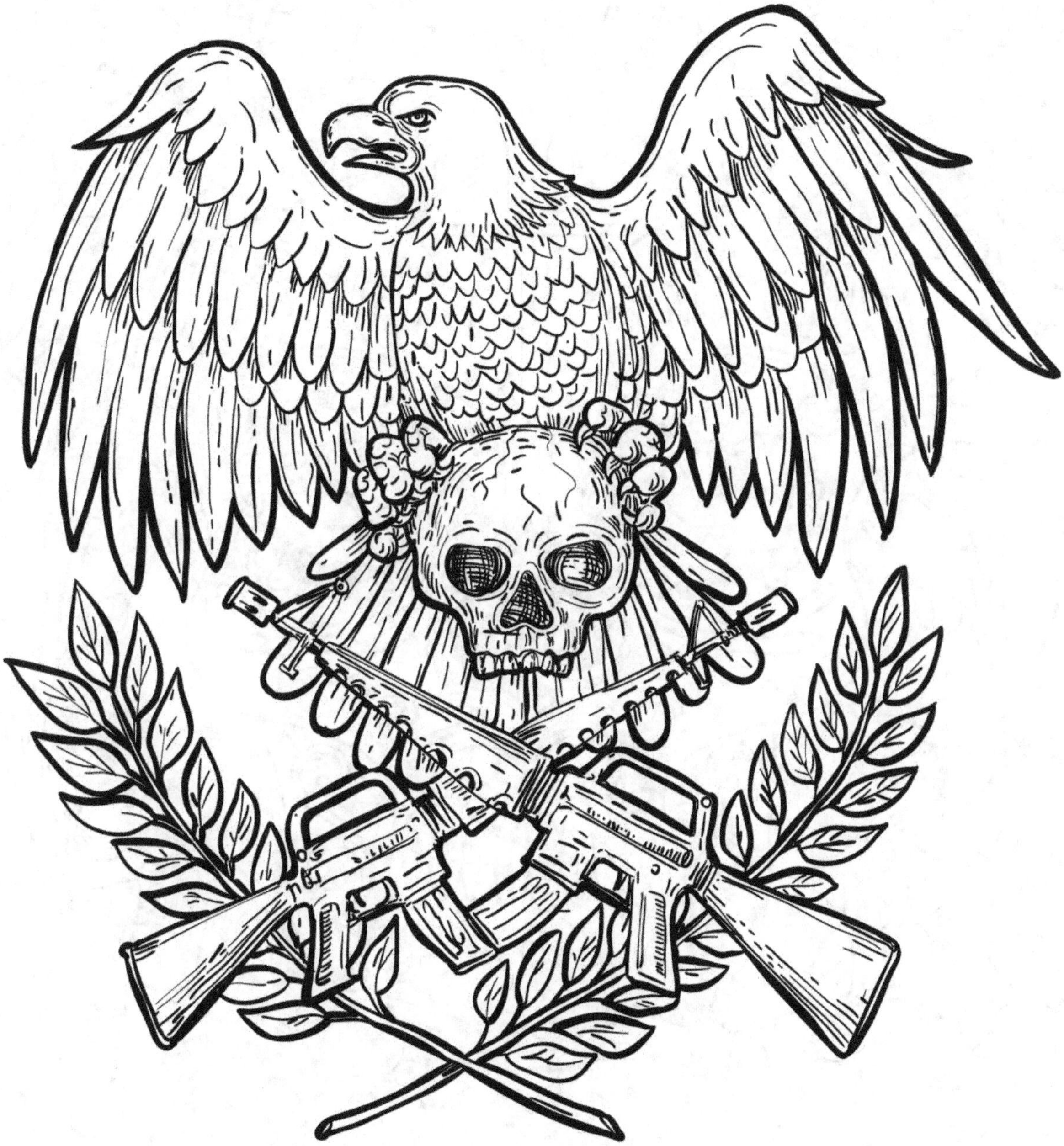

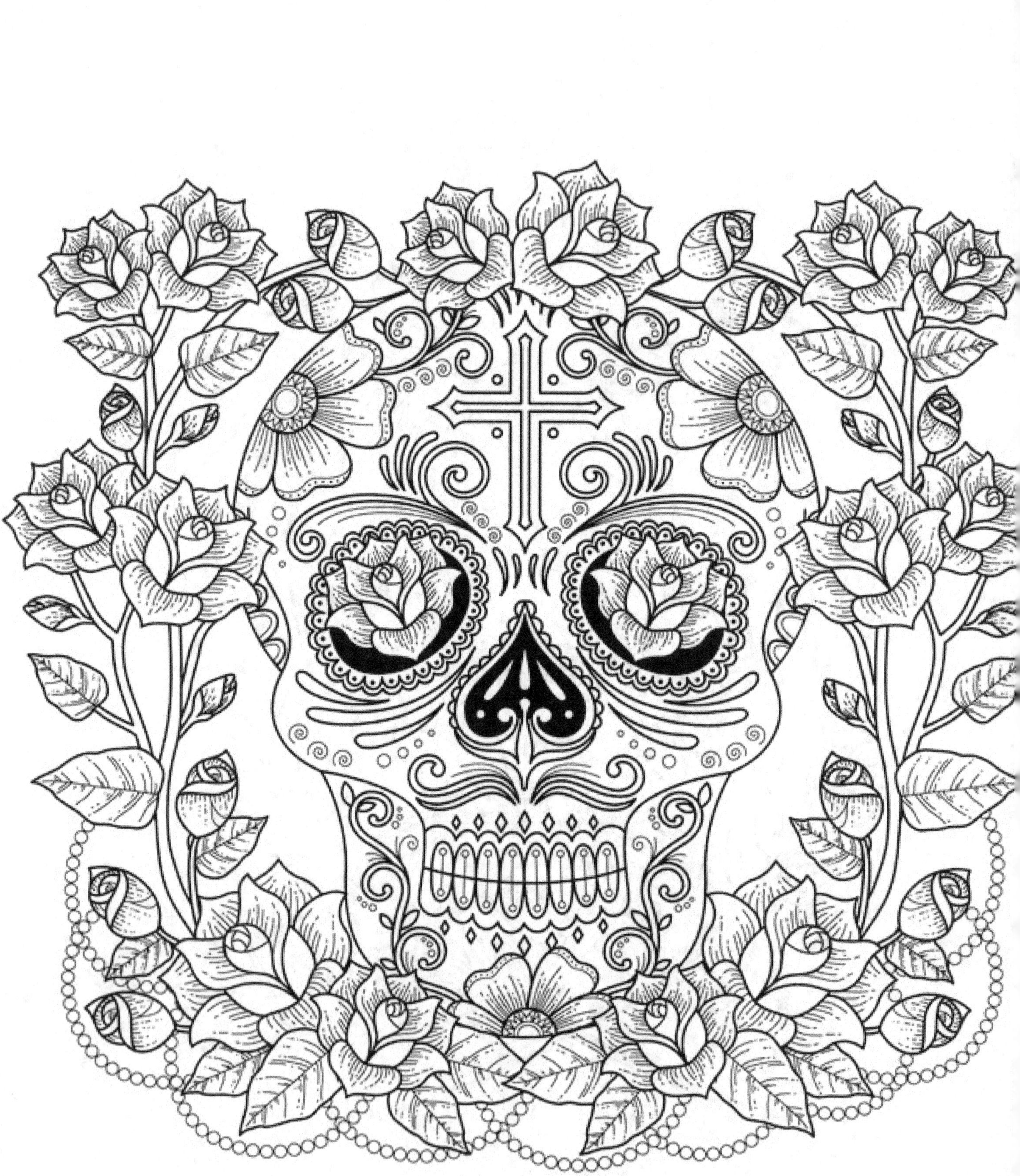

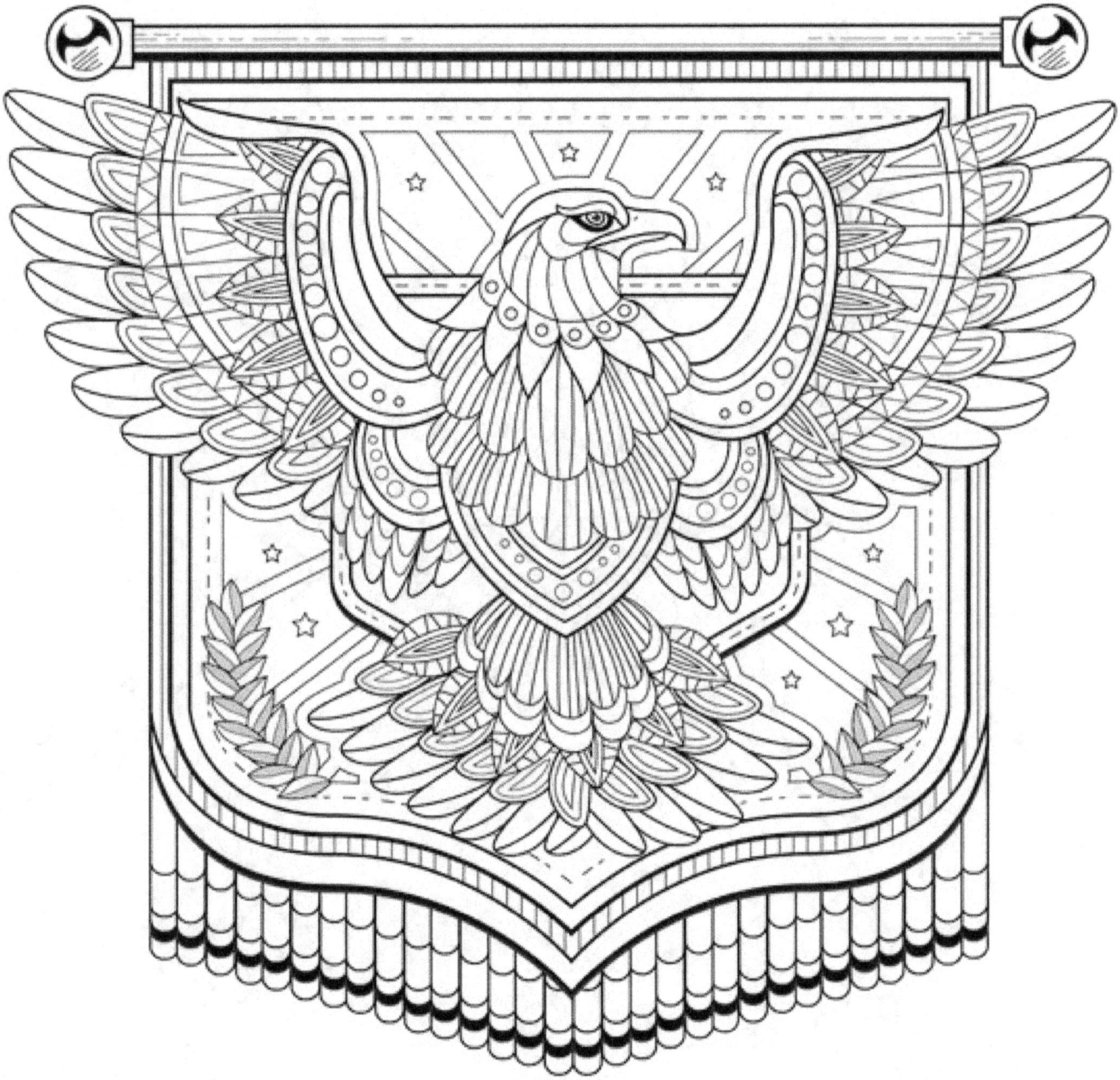

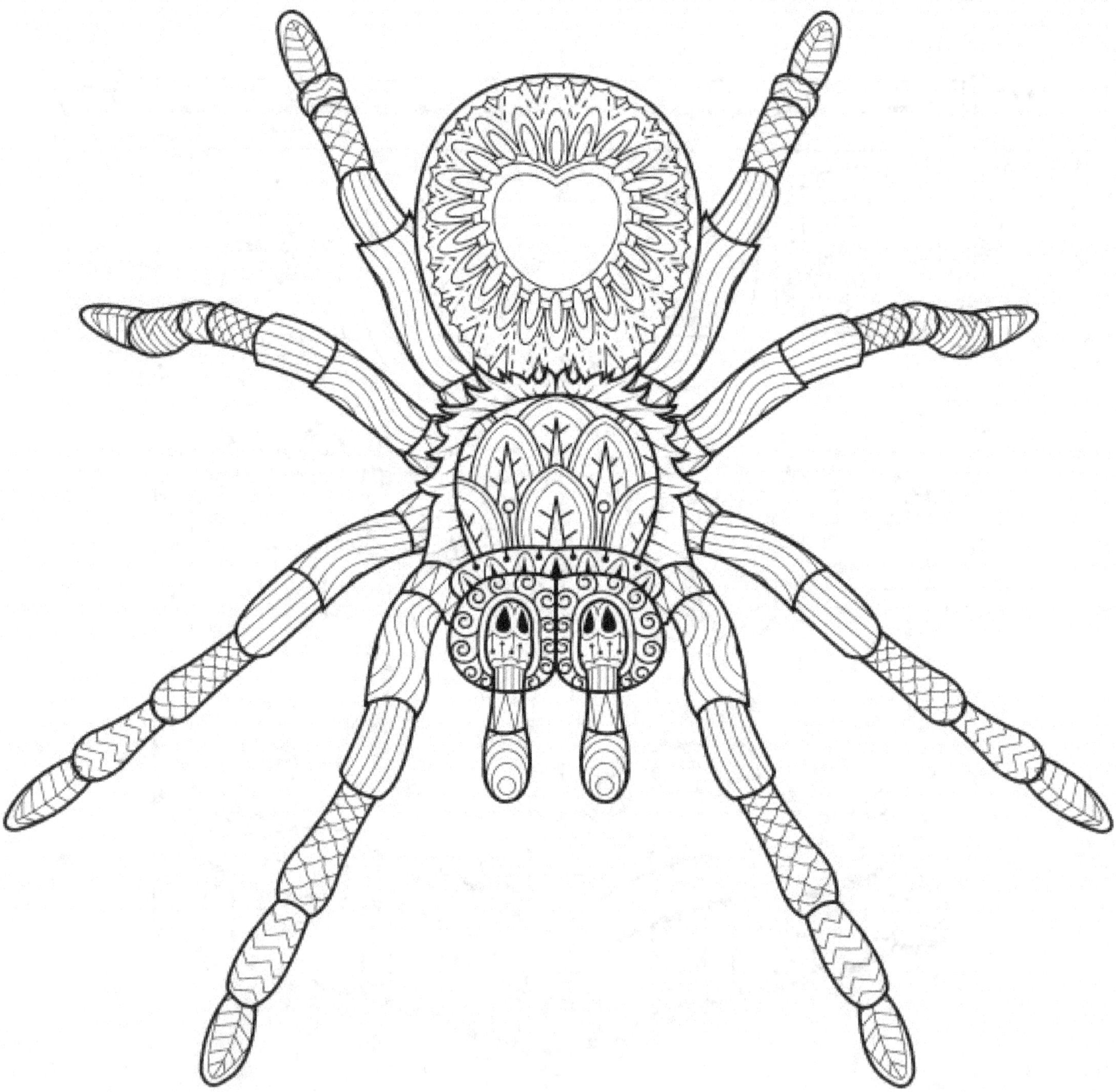

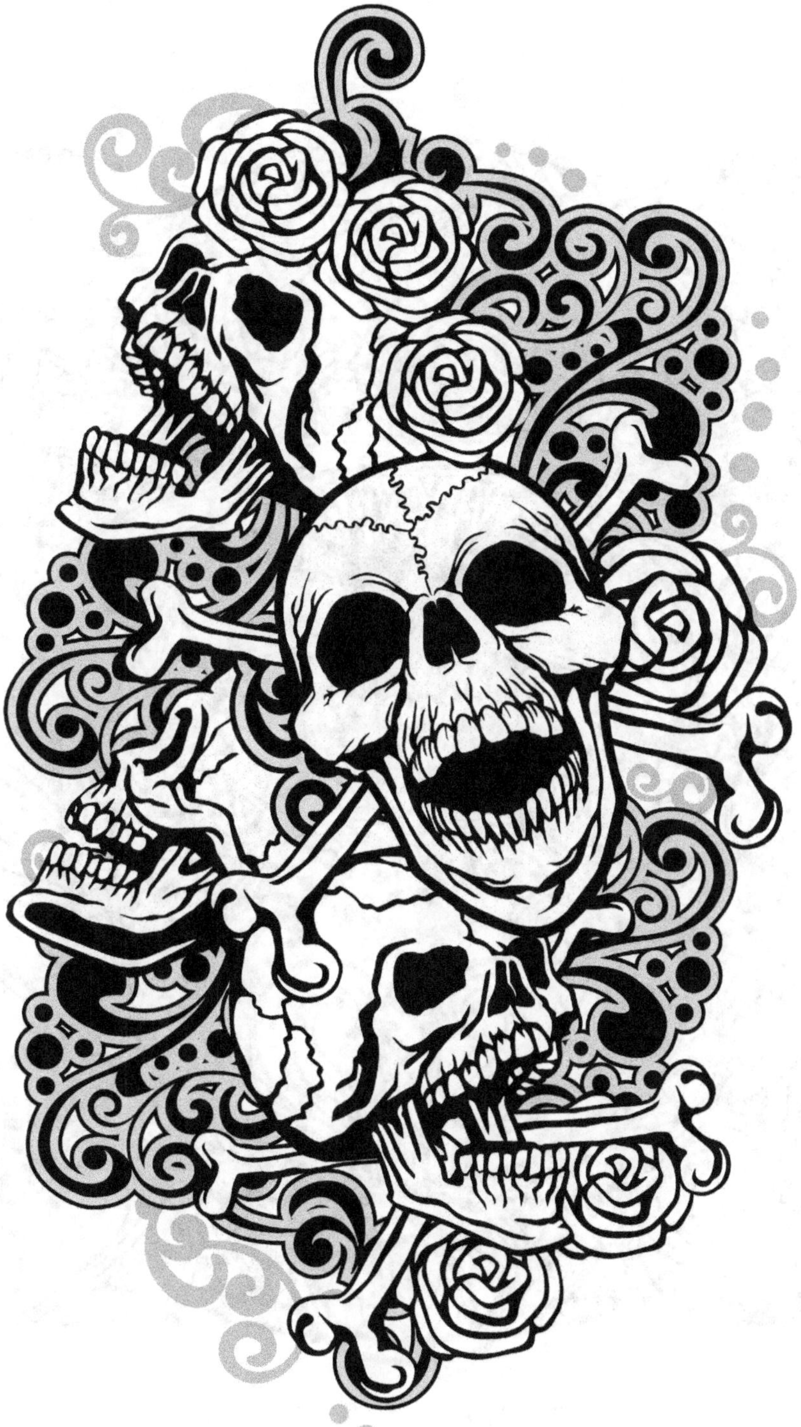

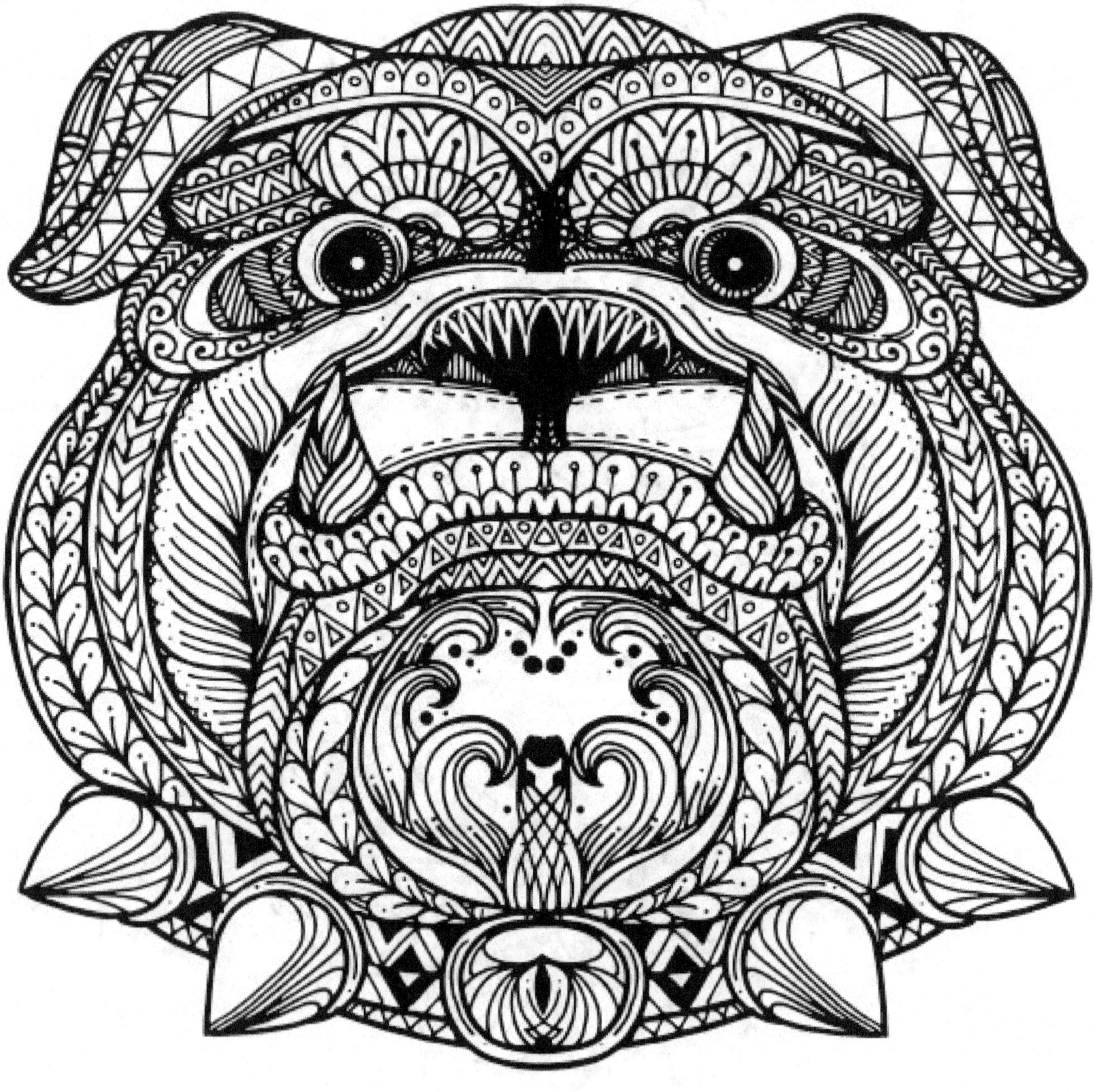

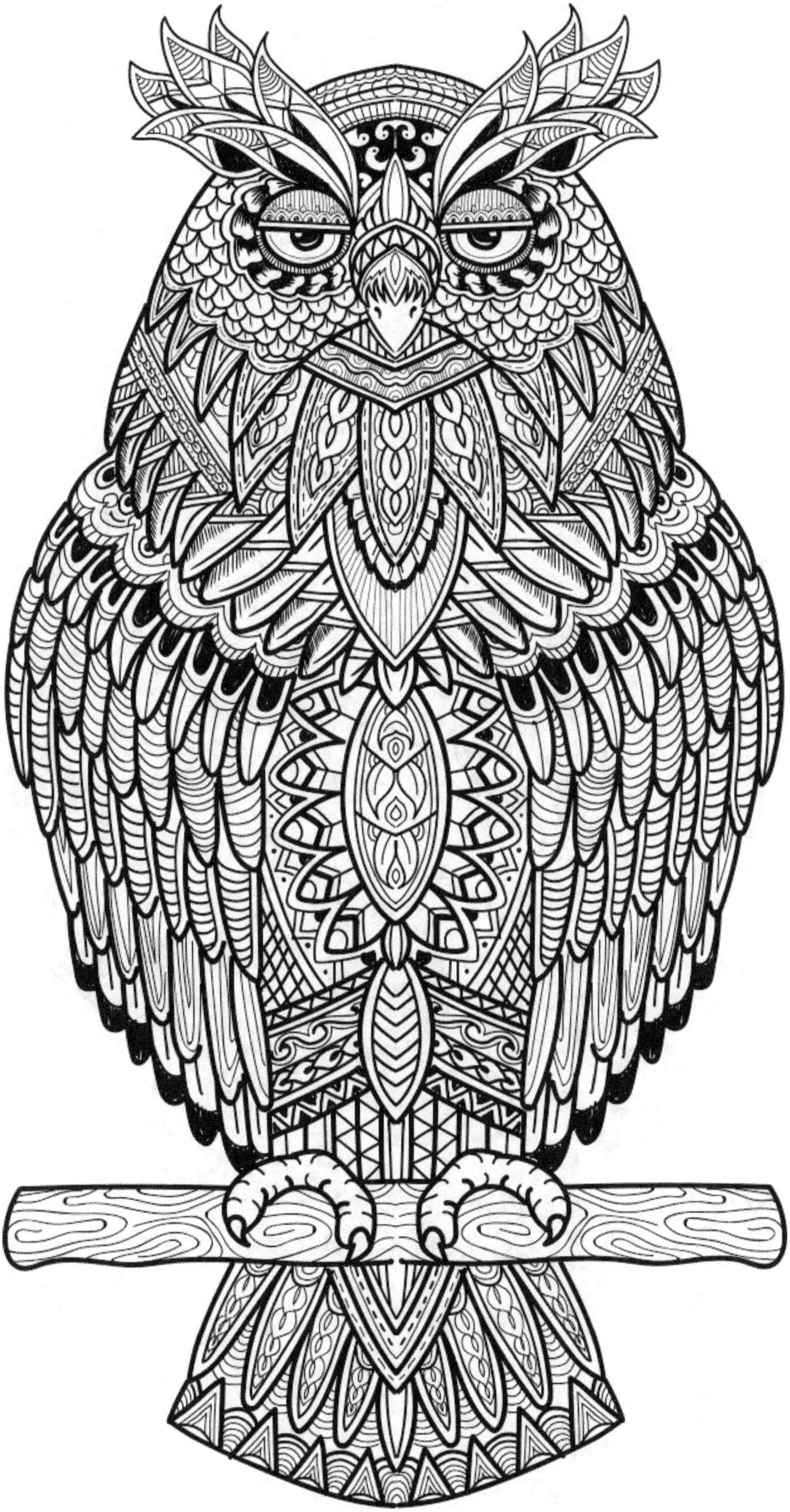

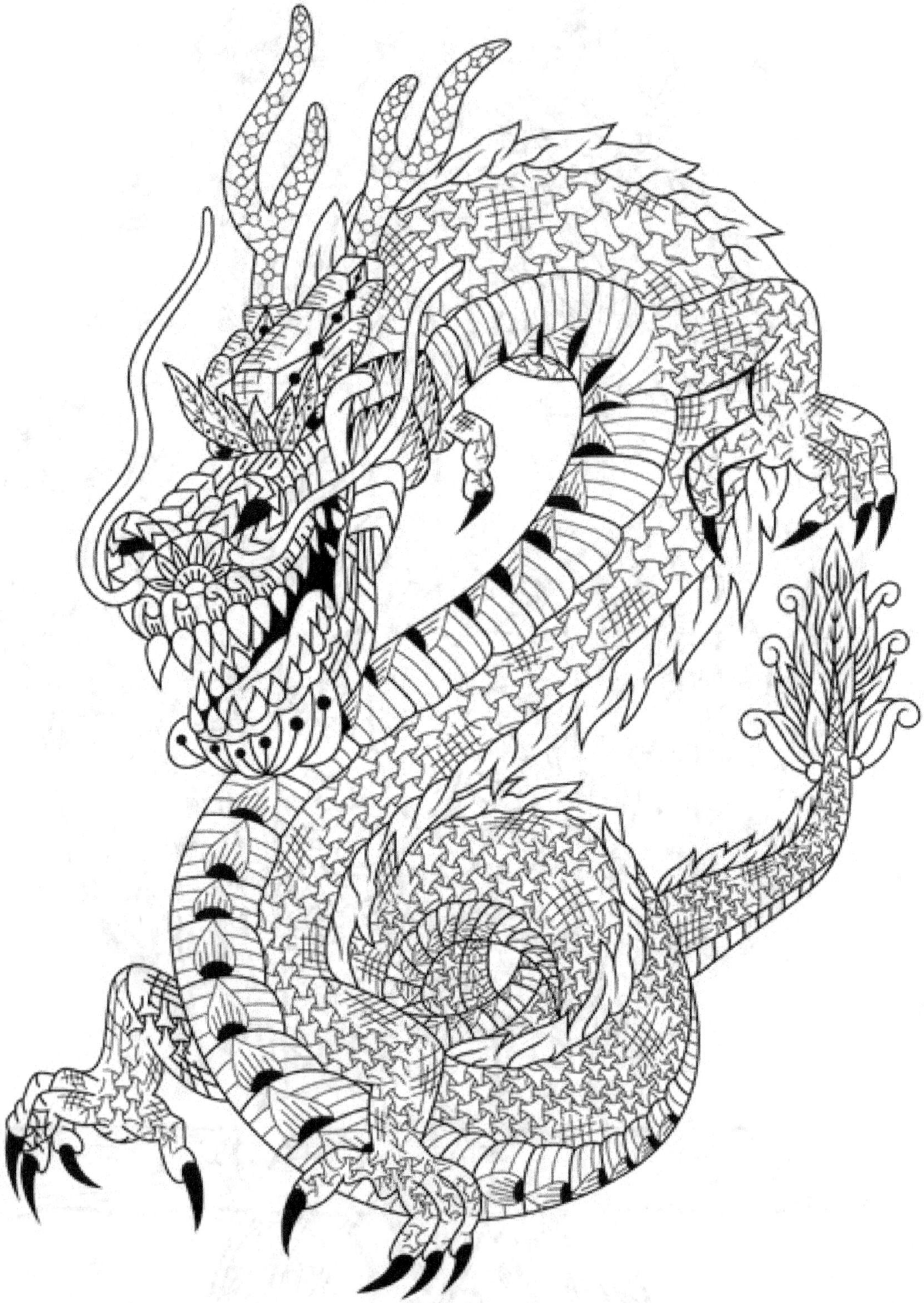

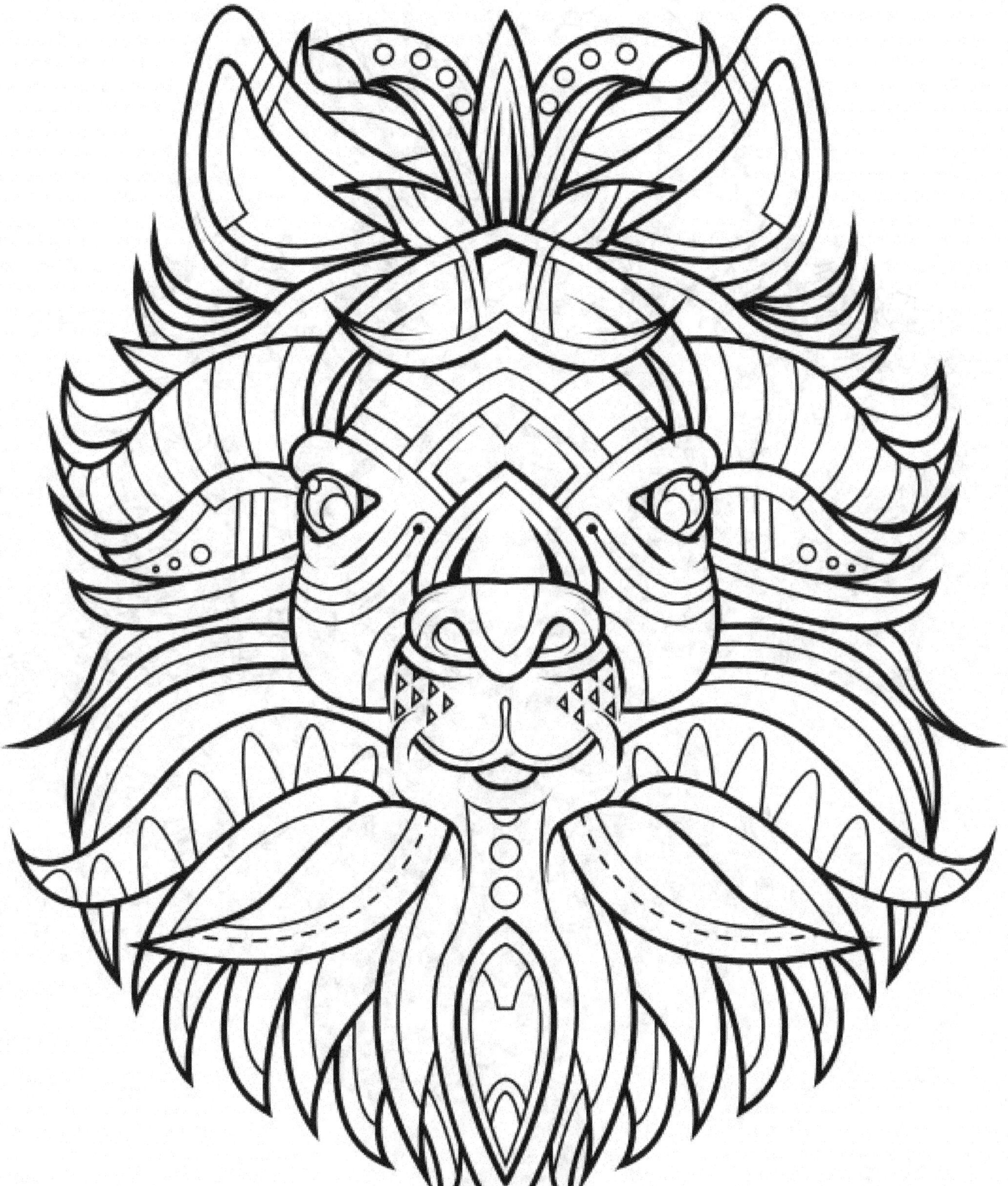

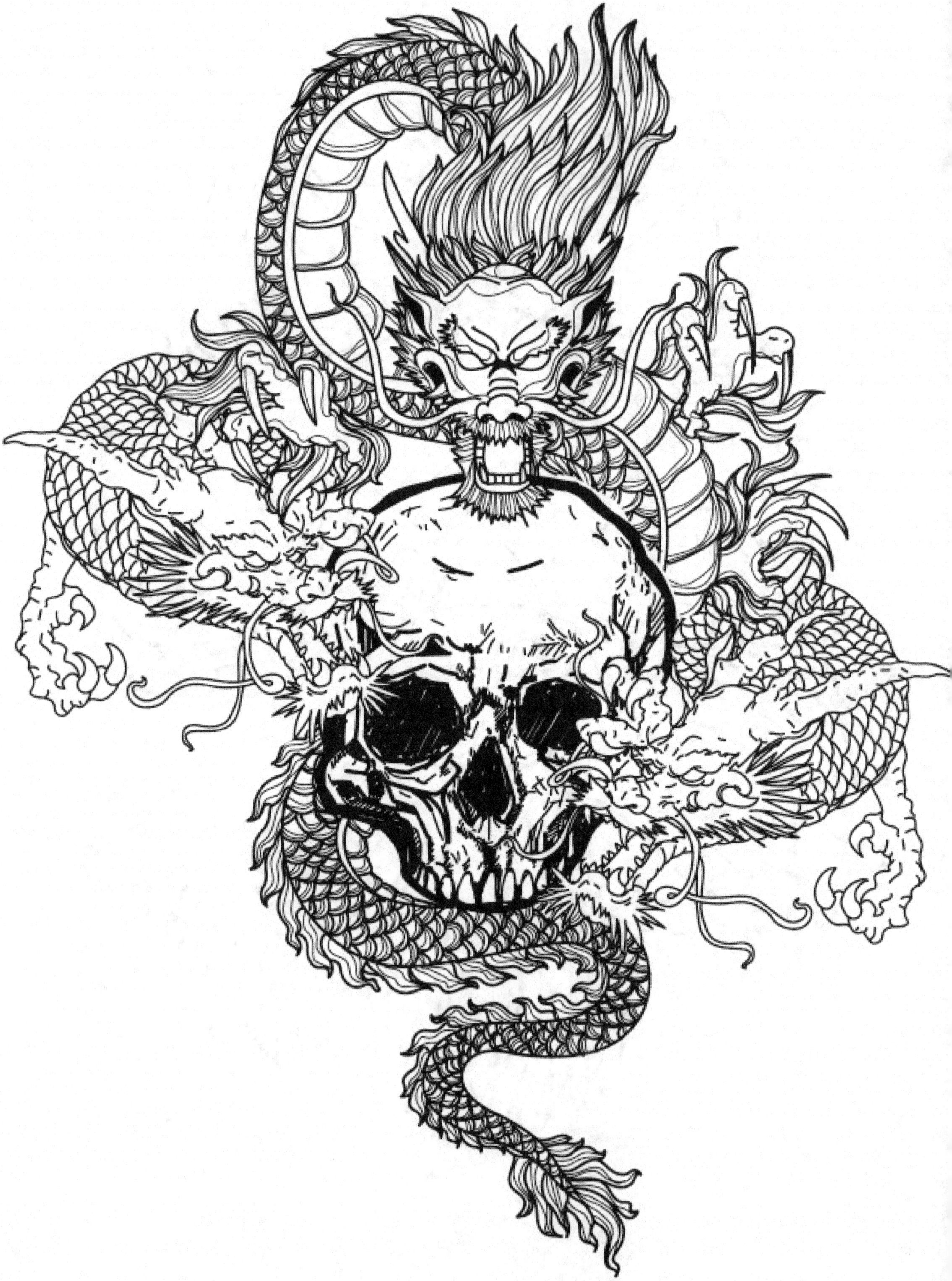

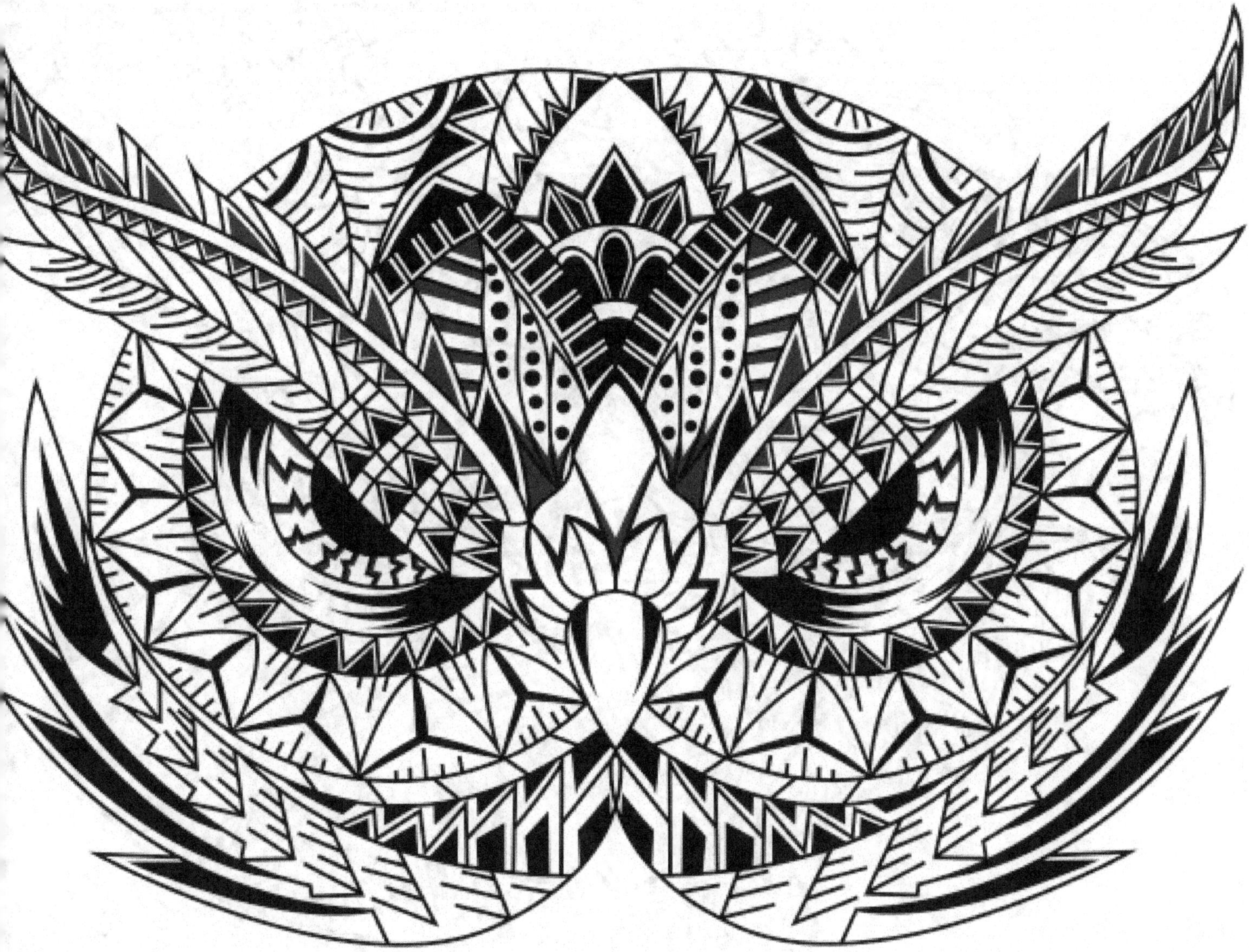

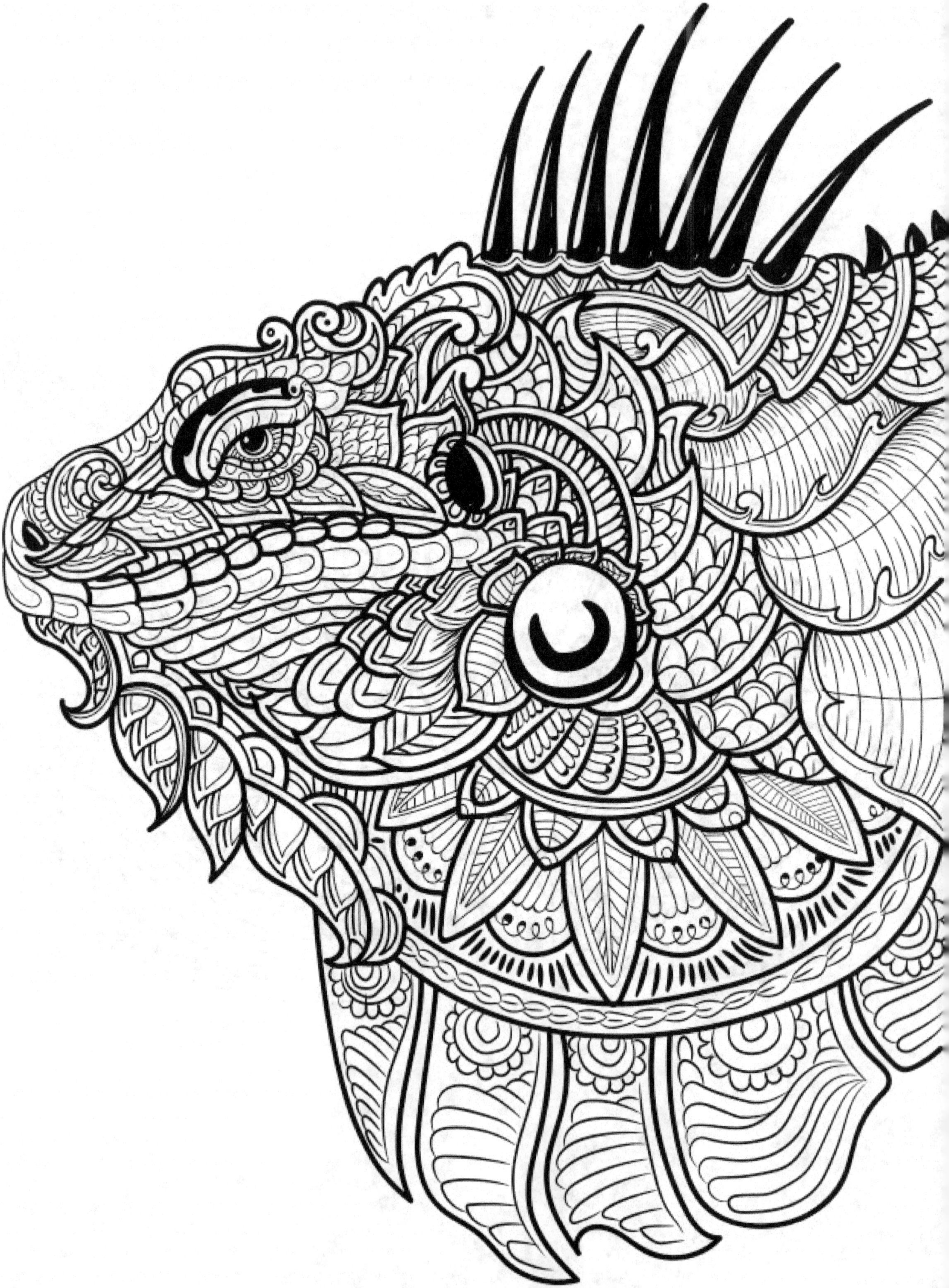

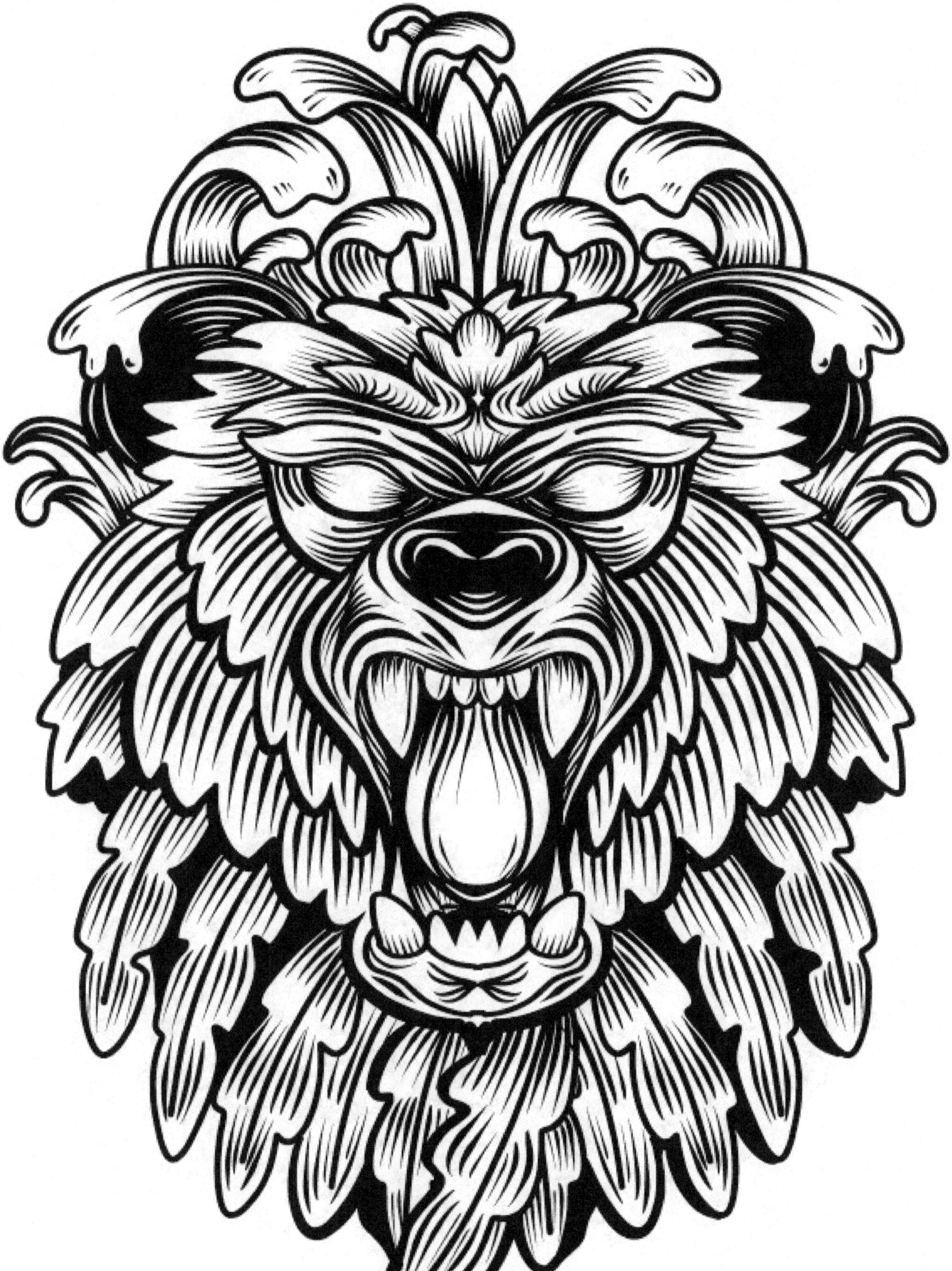

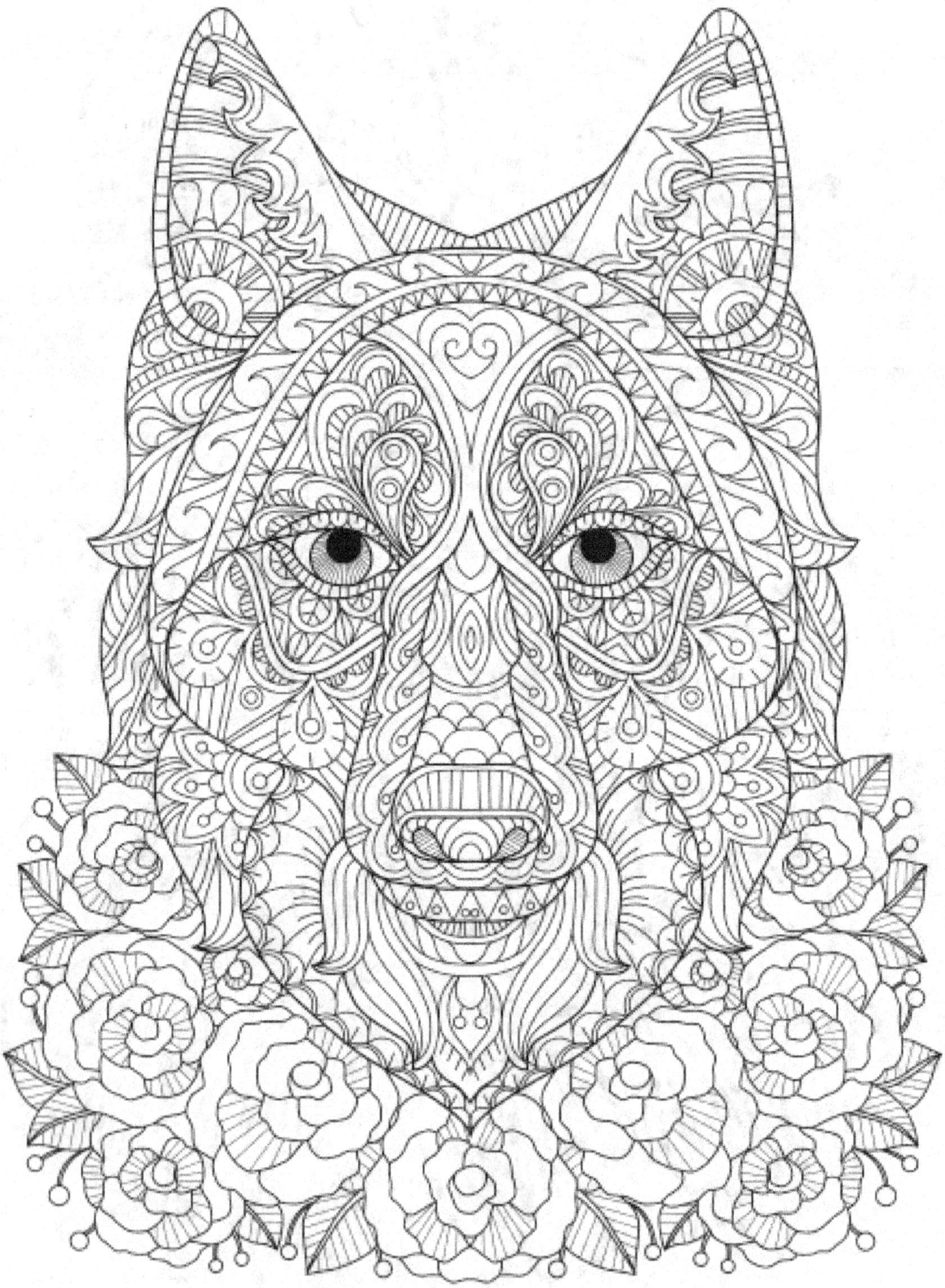

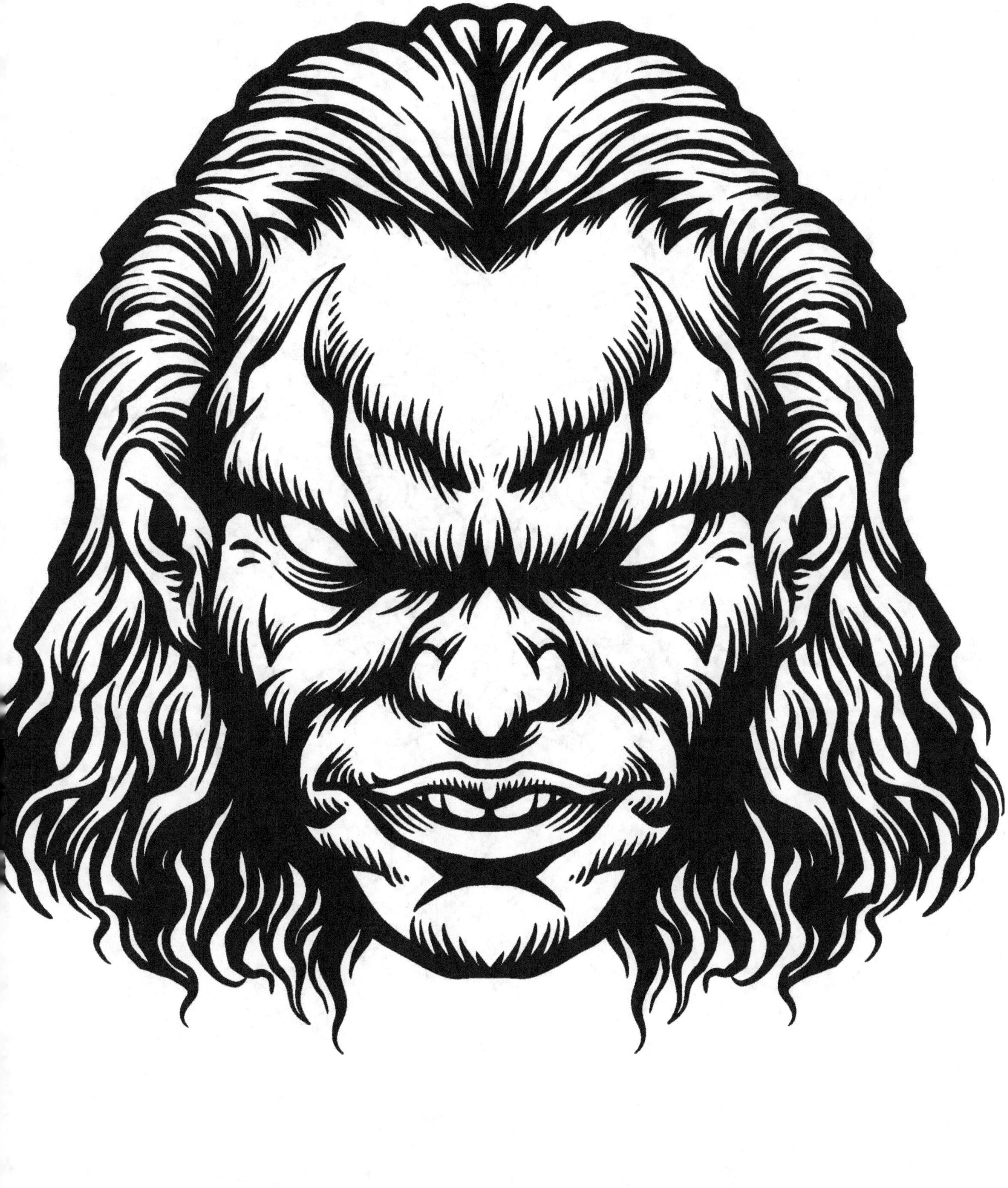

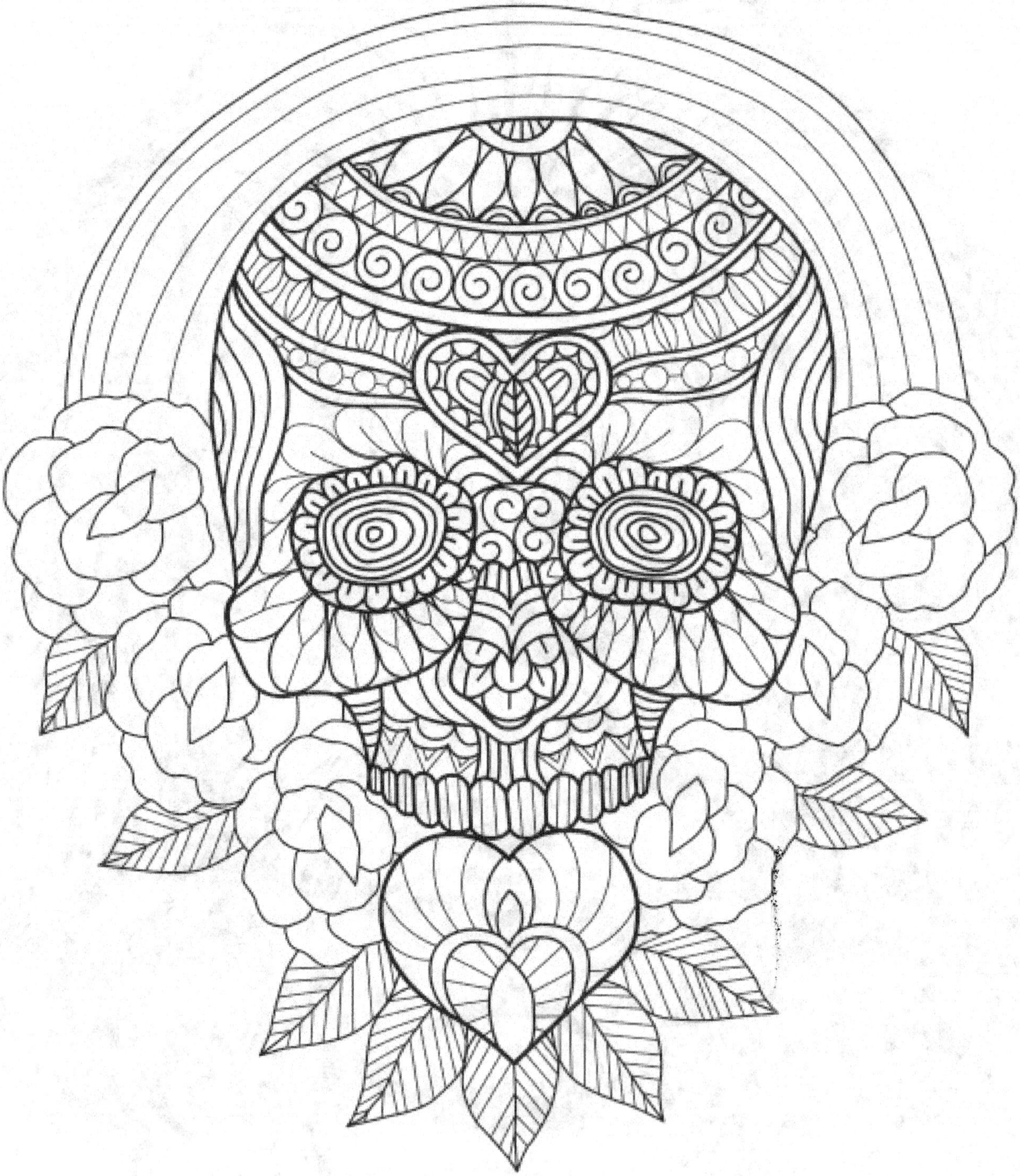

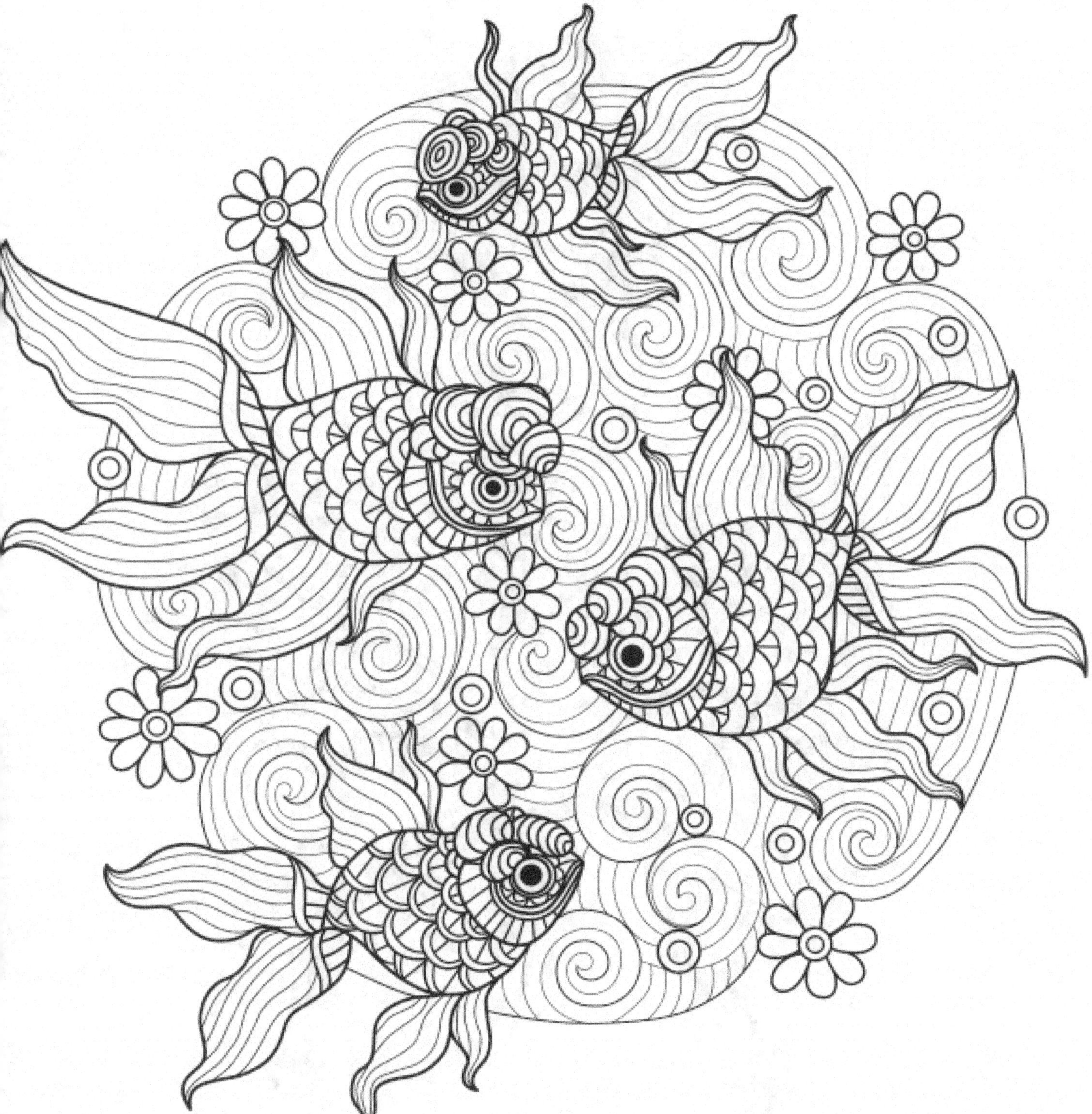

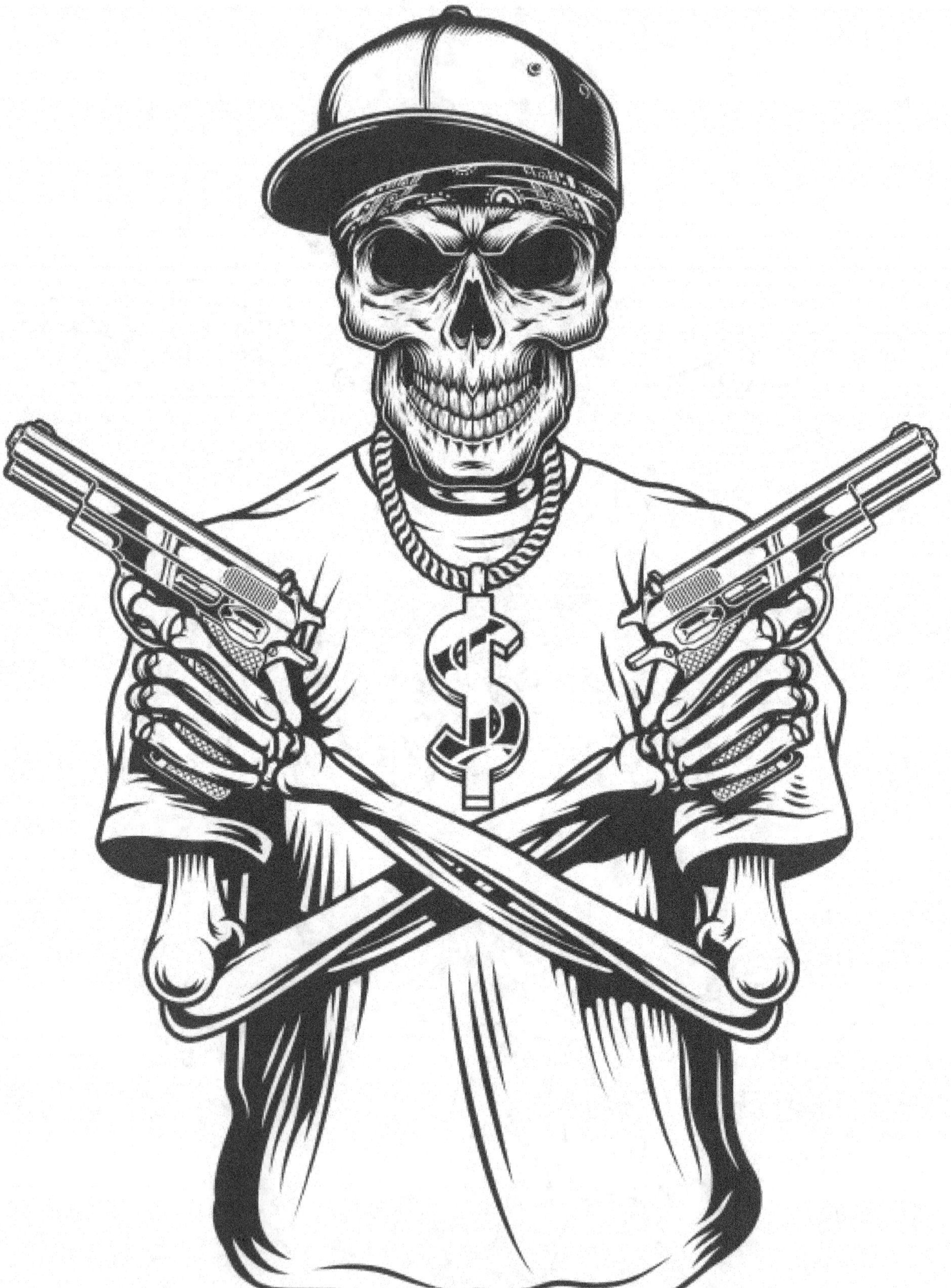

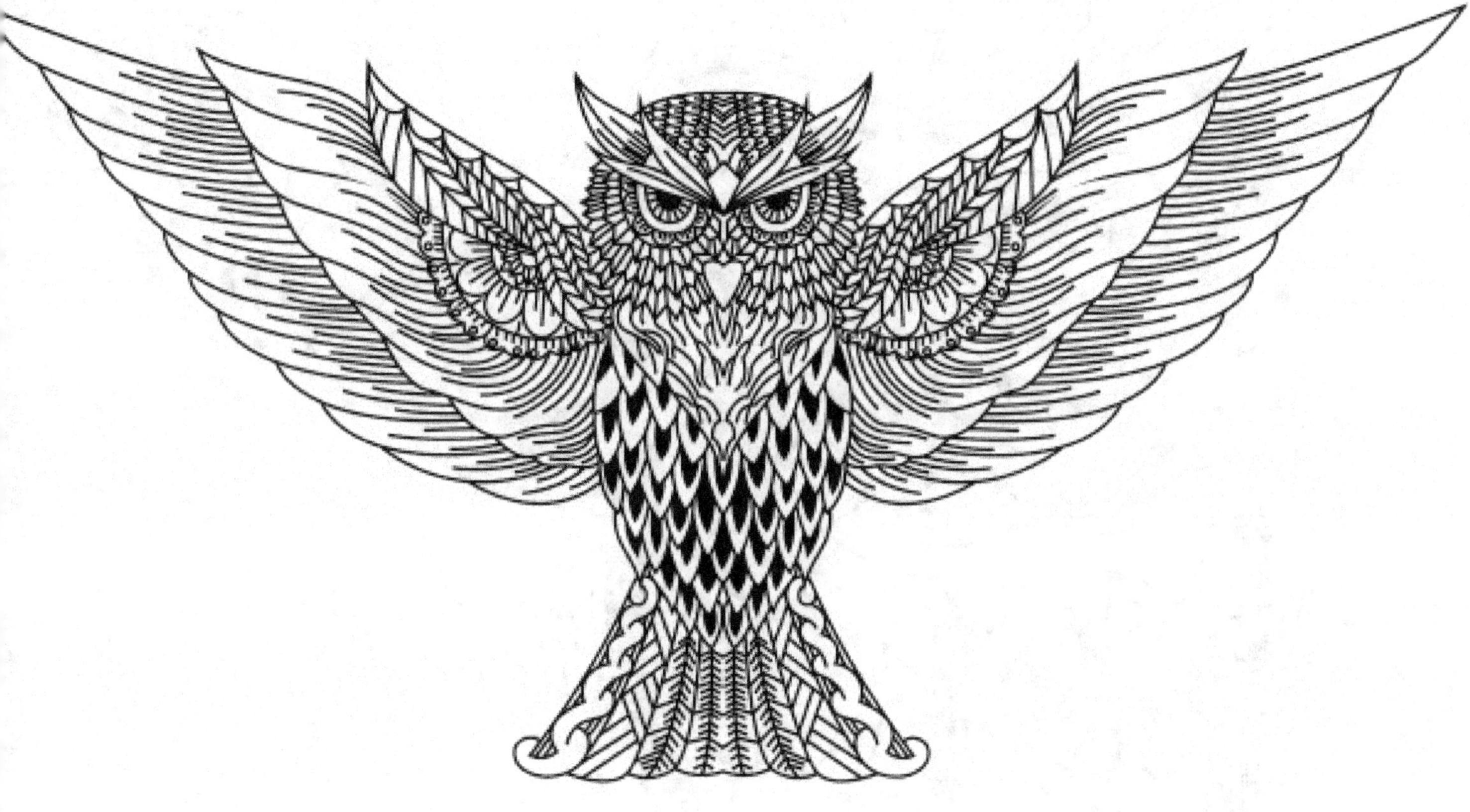

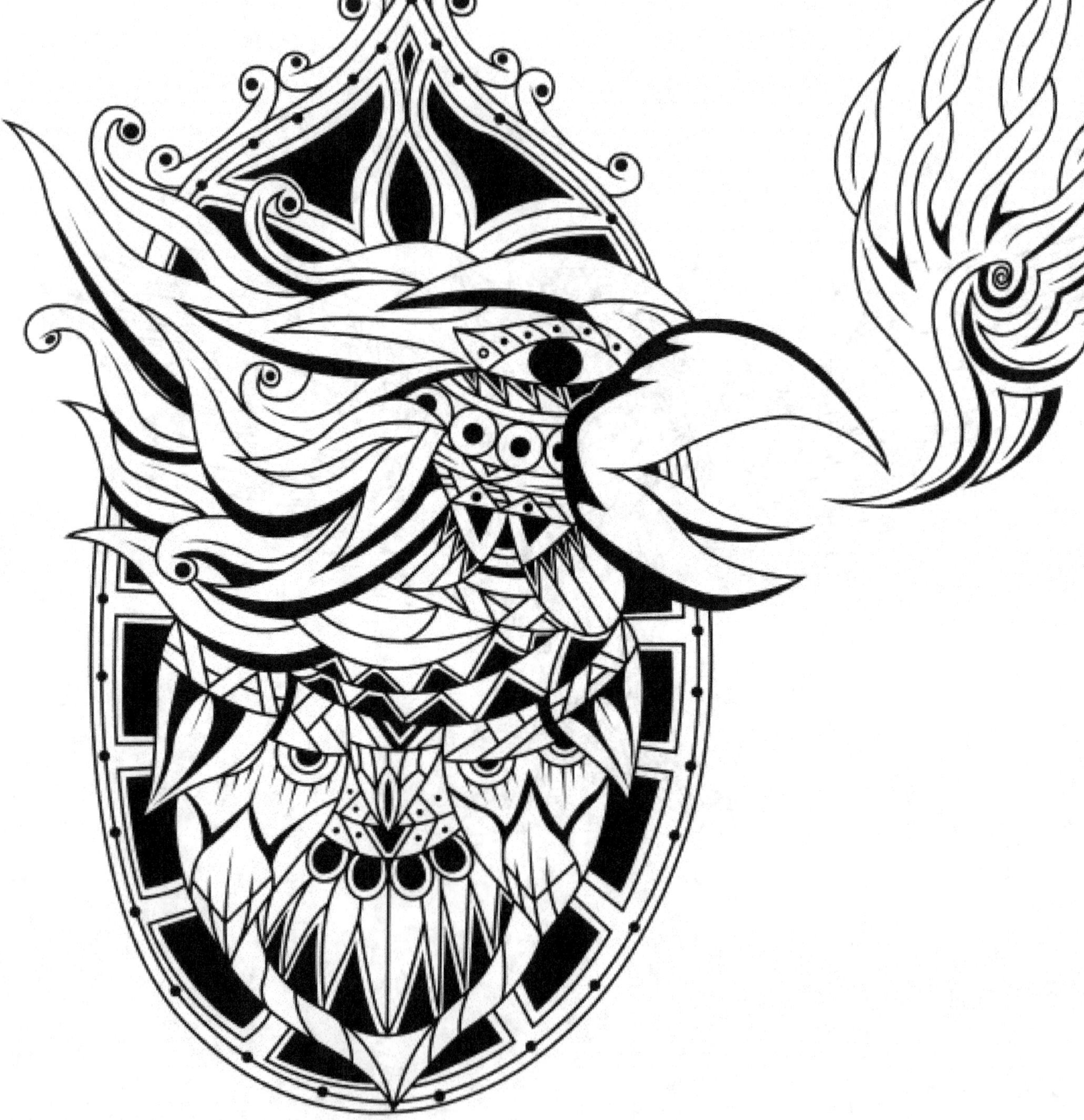

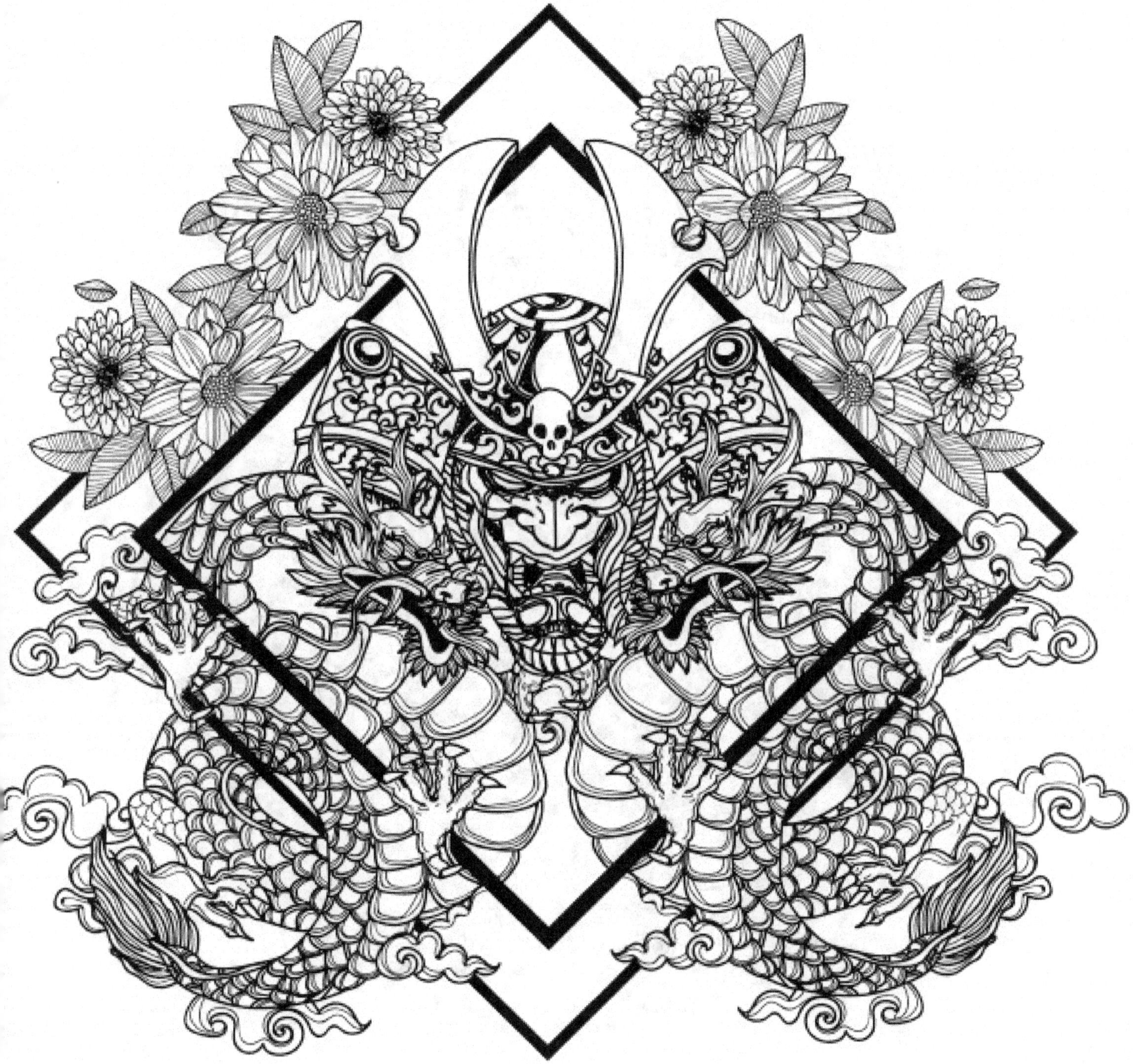

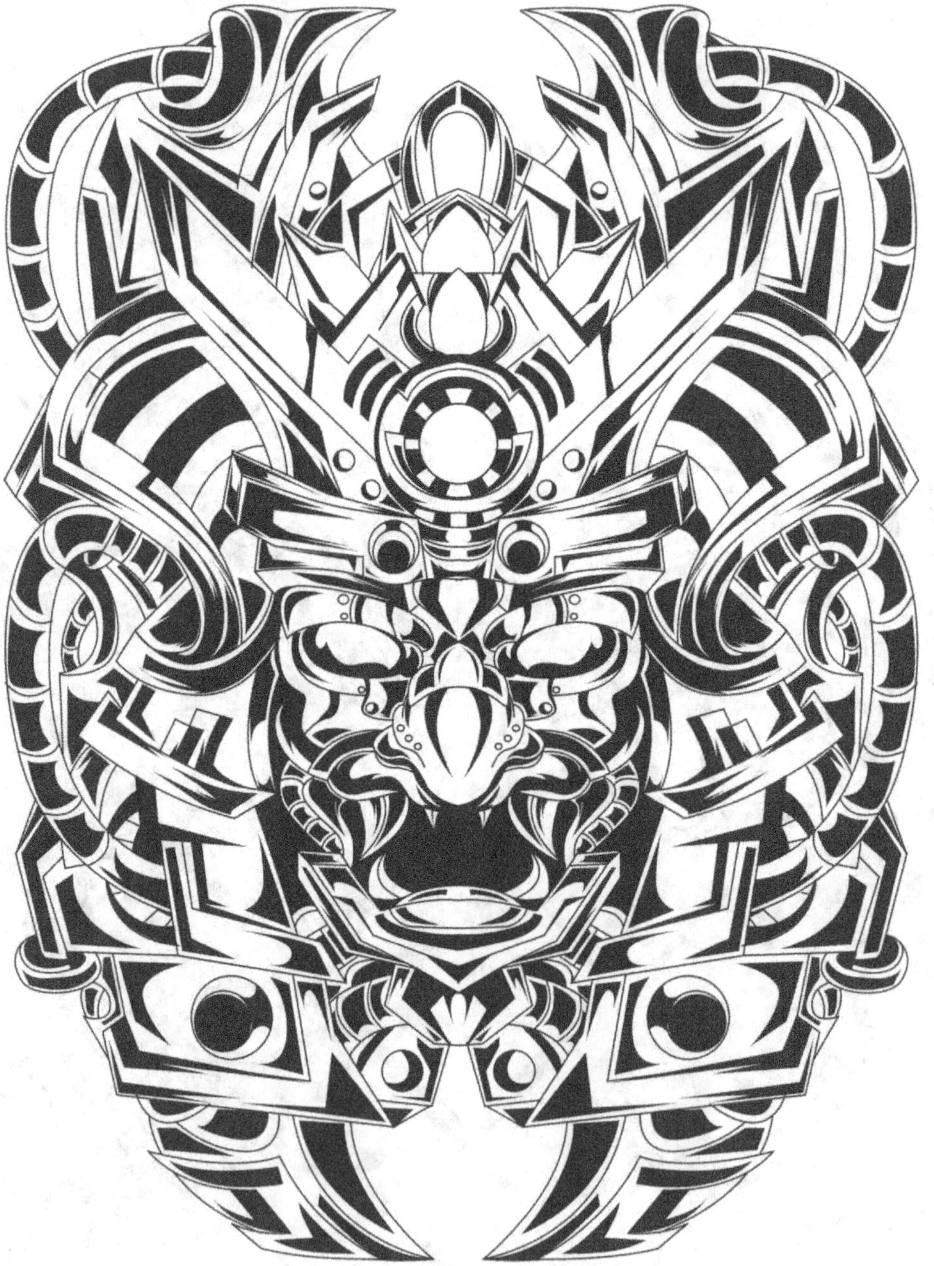

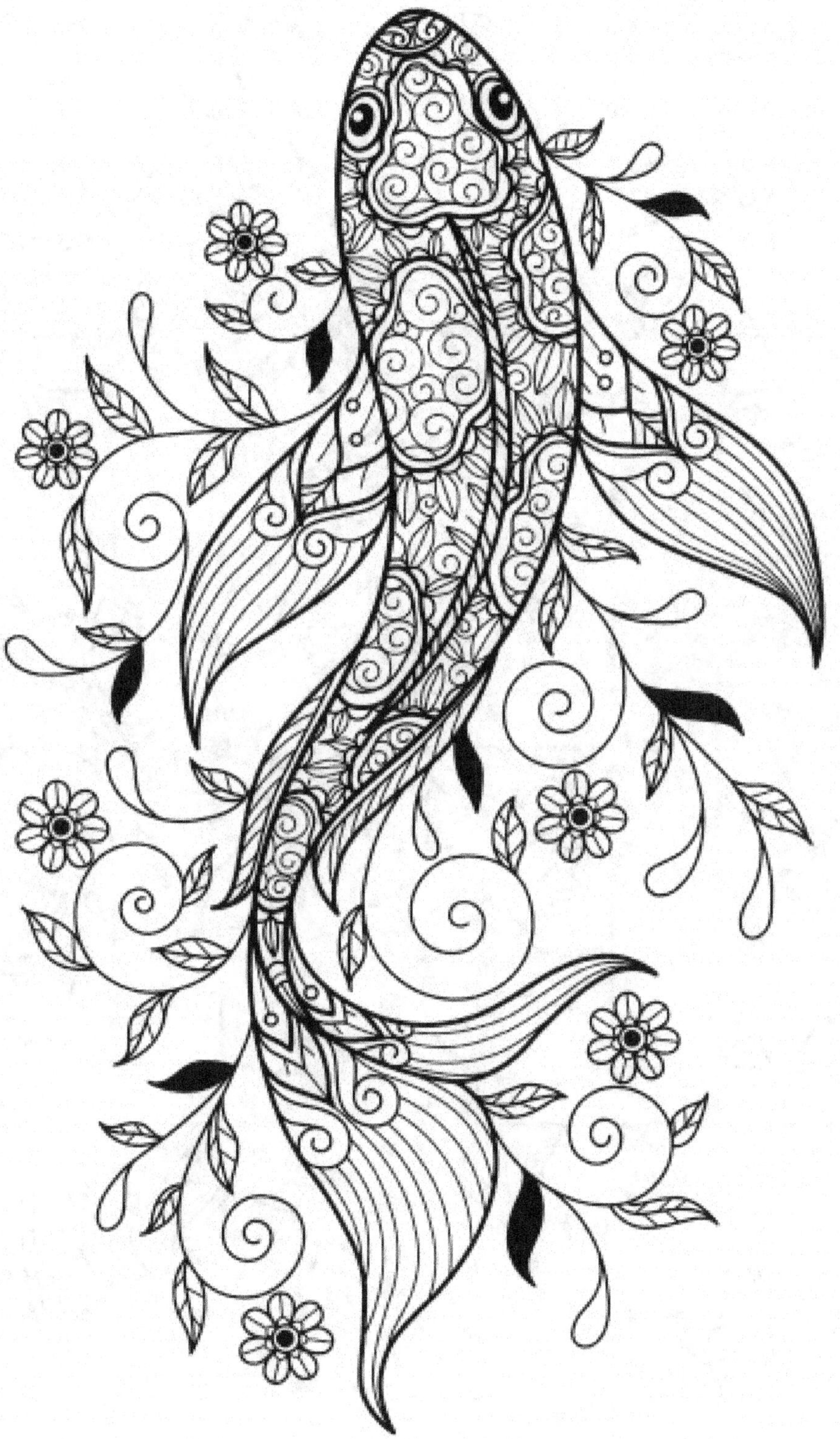

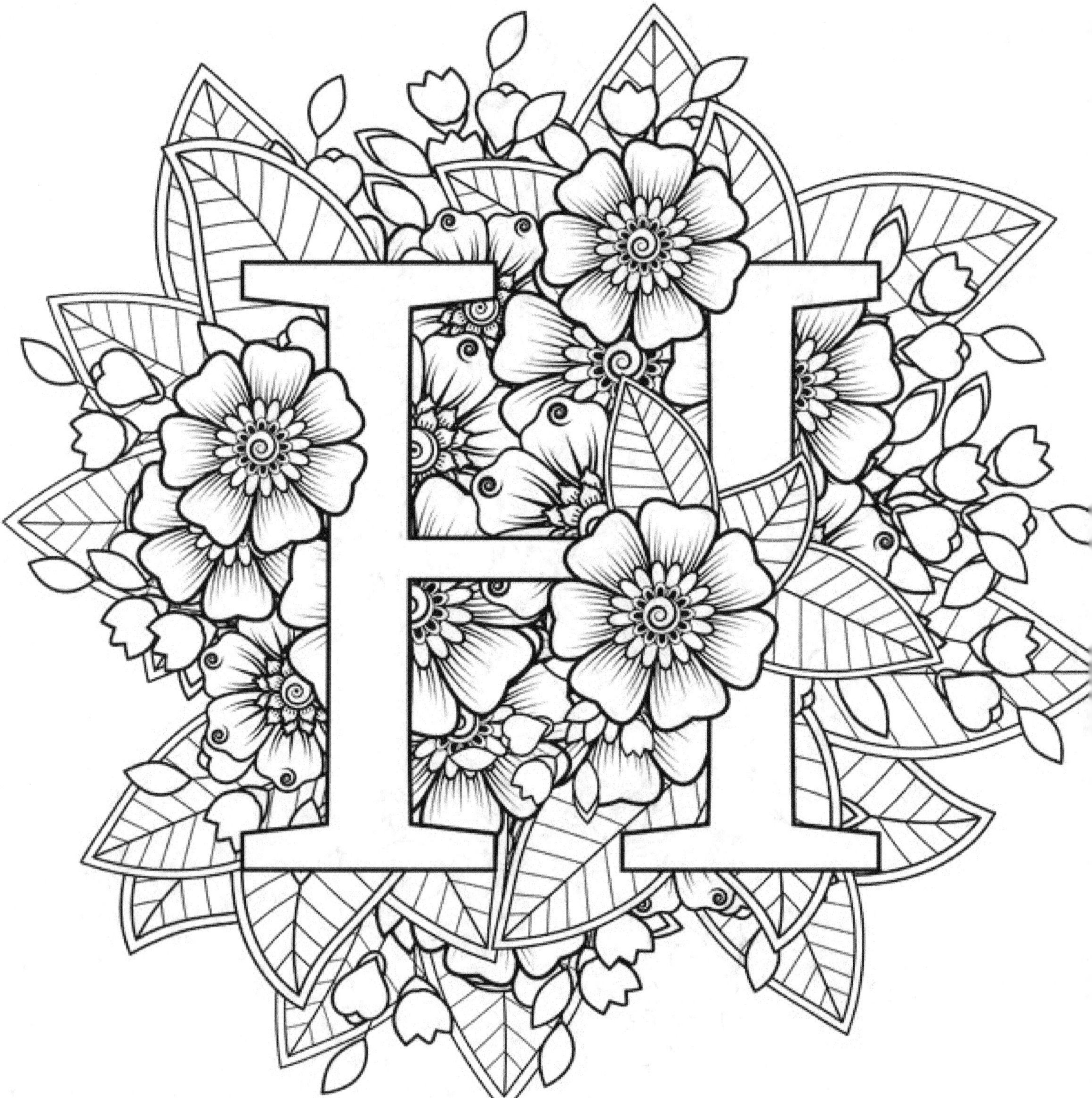
H

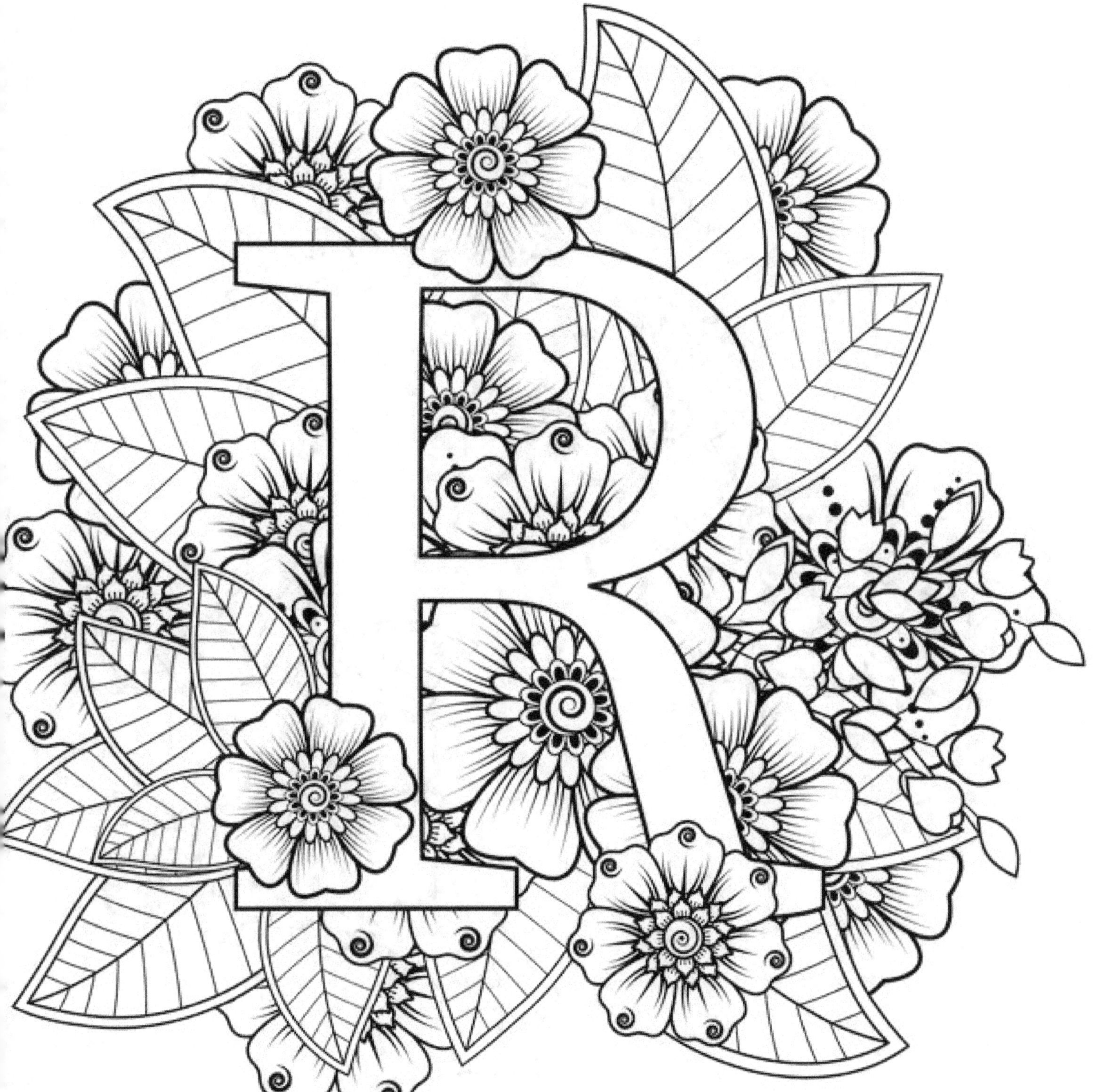

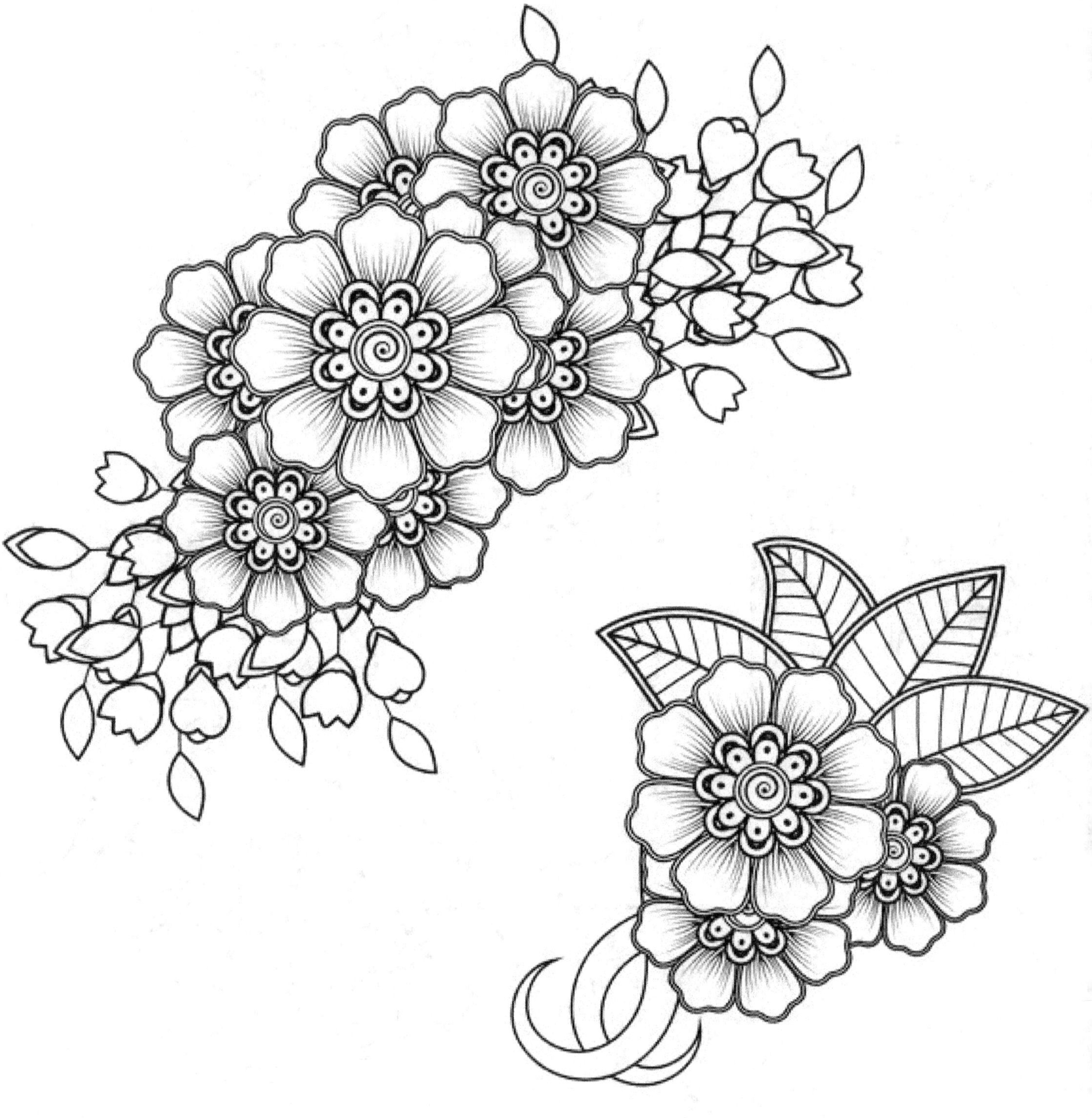

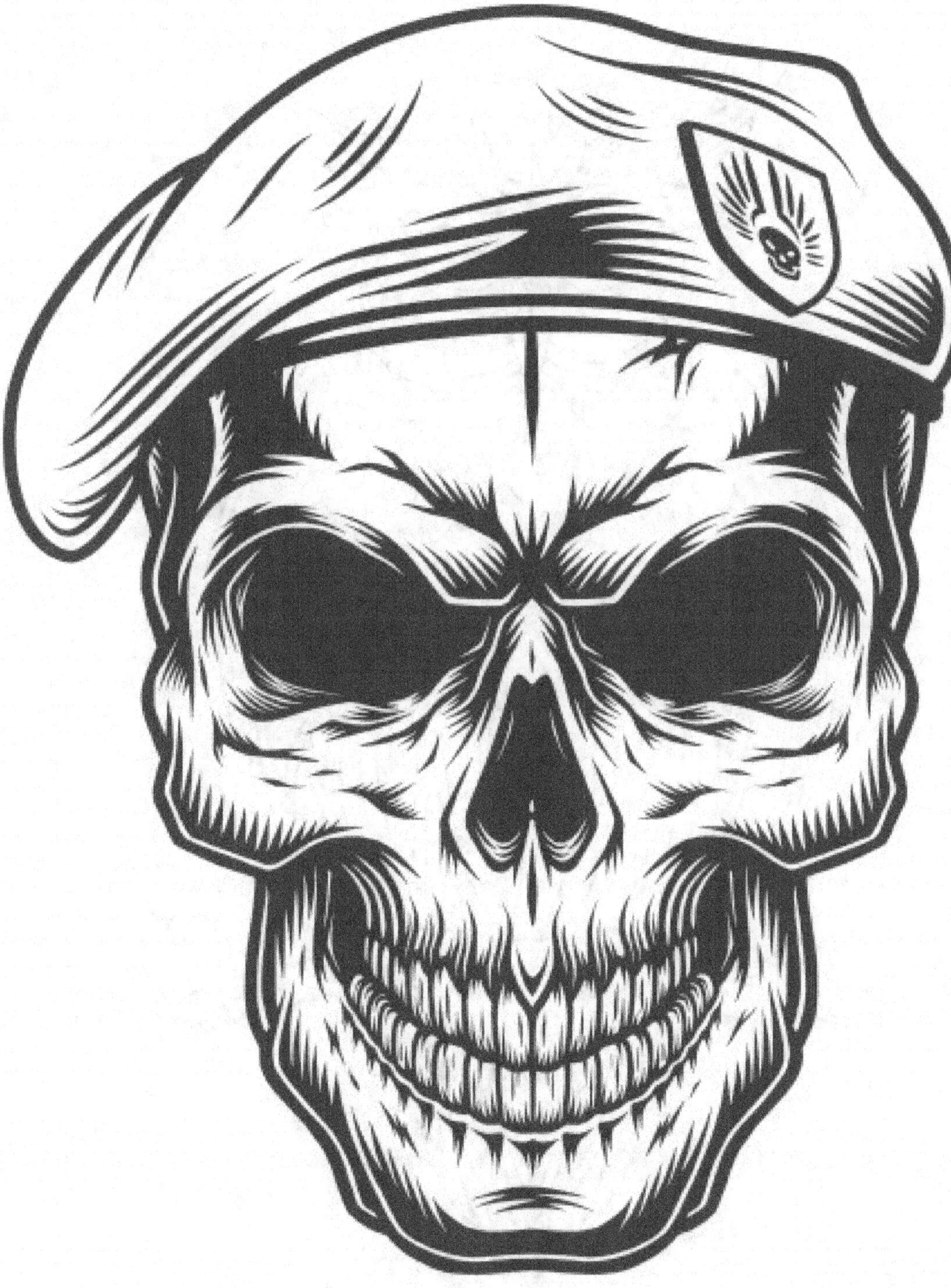

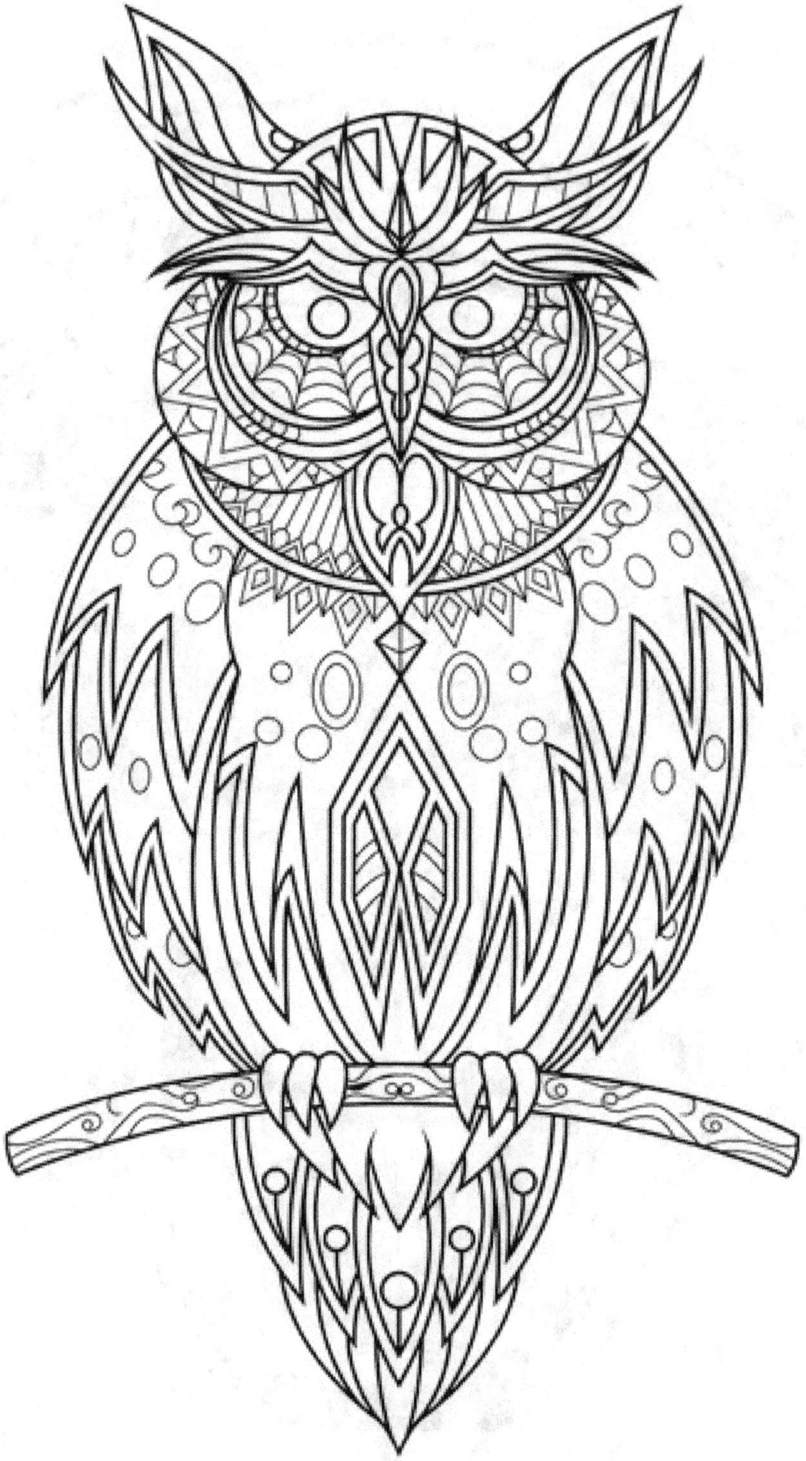

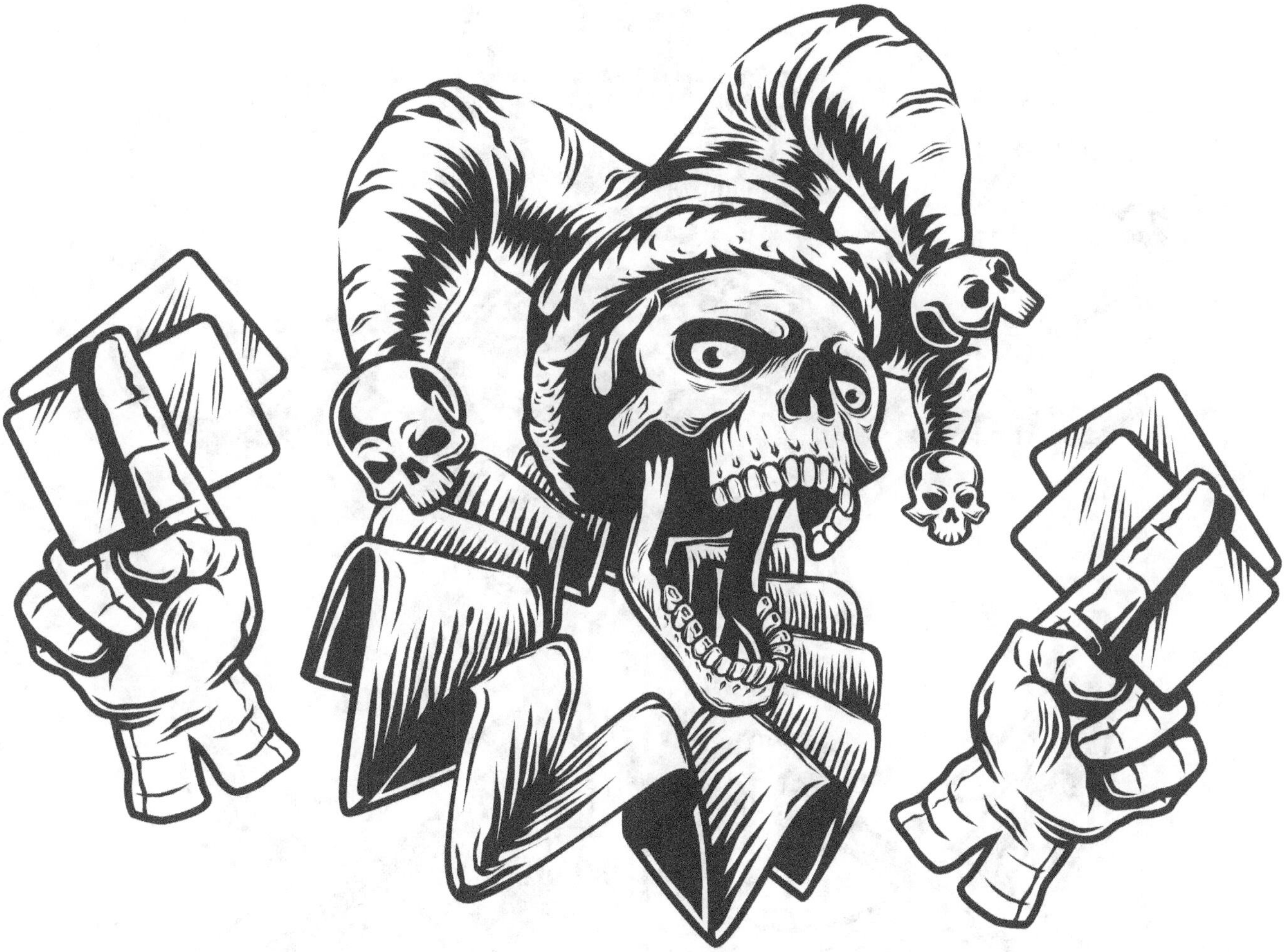

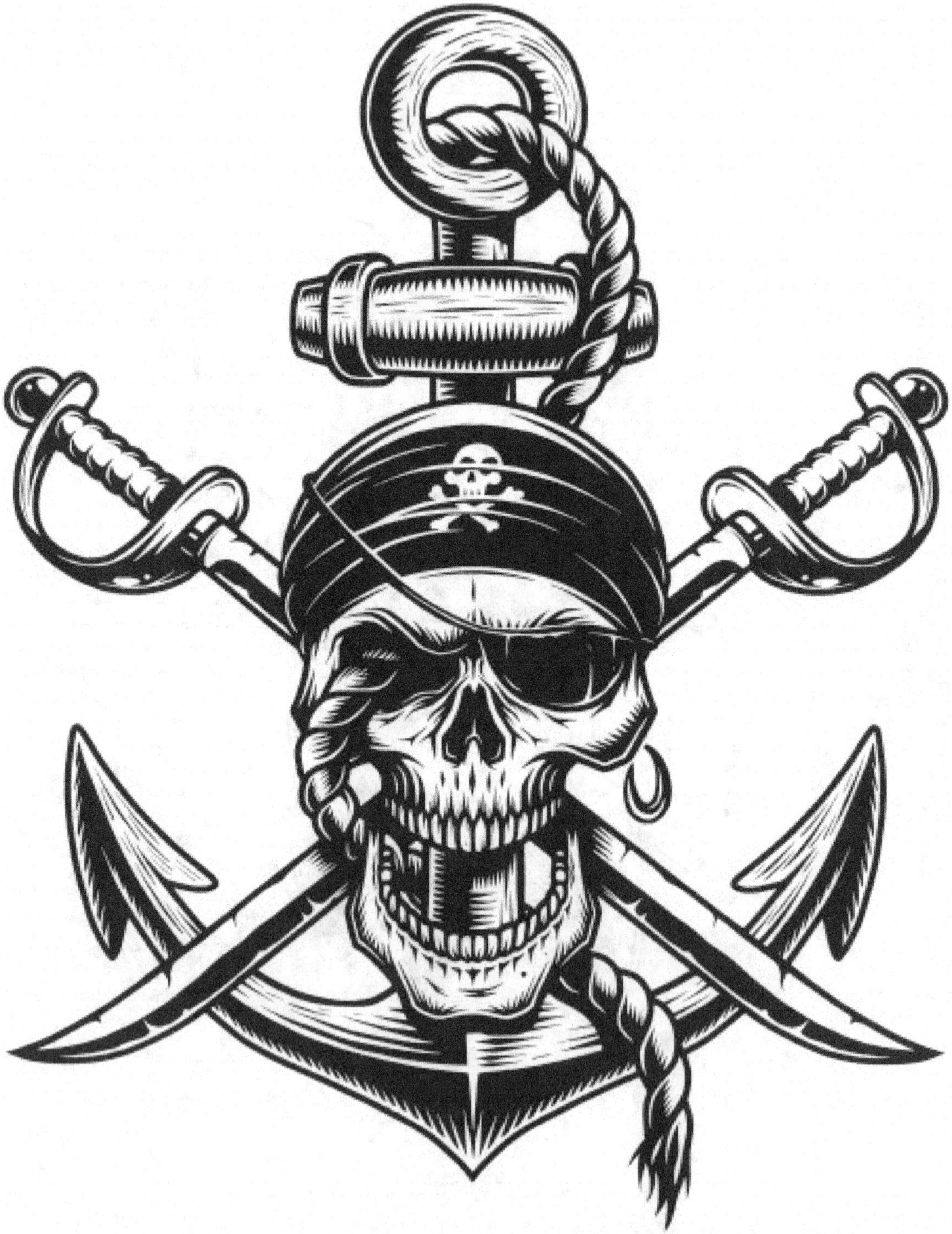

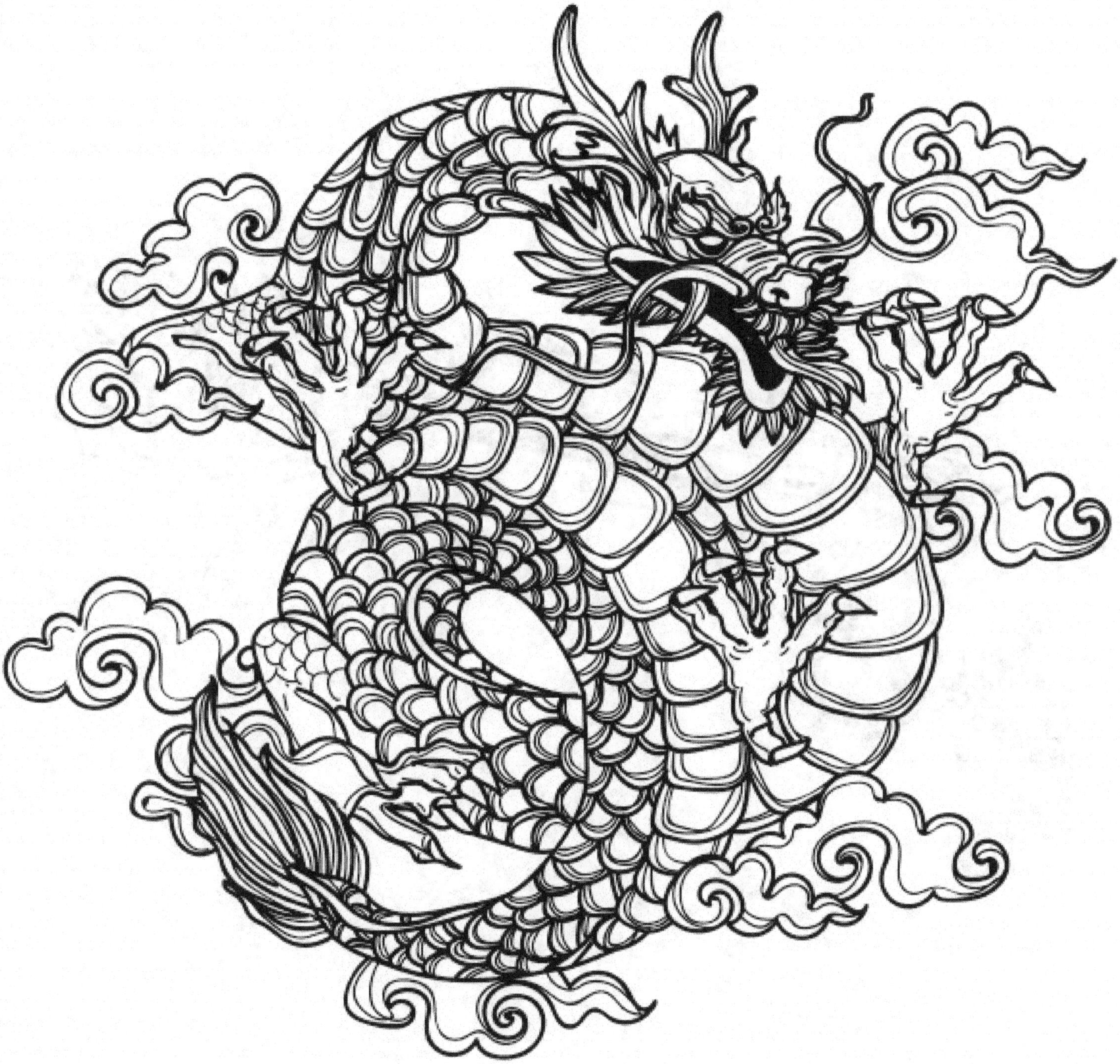

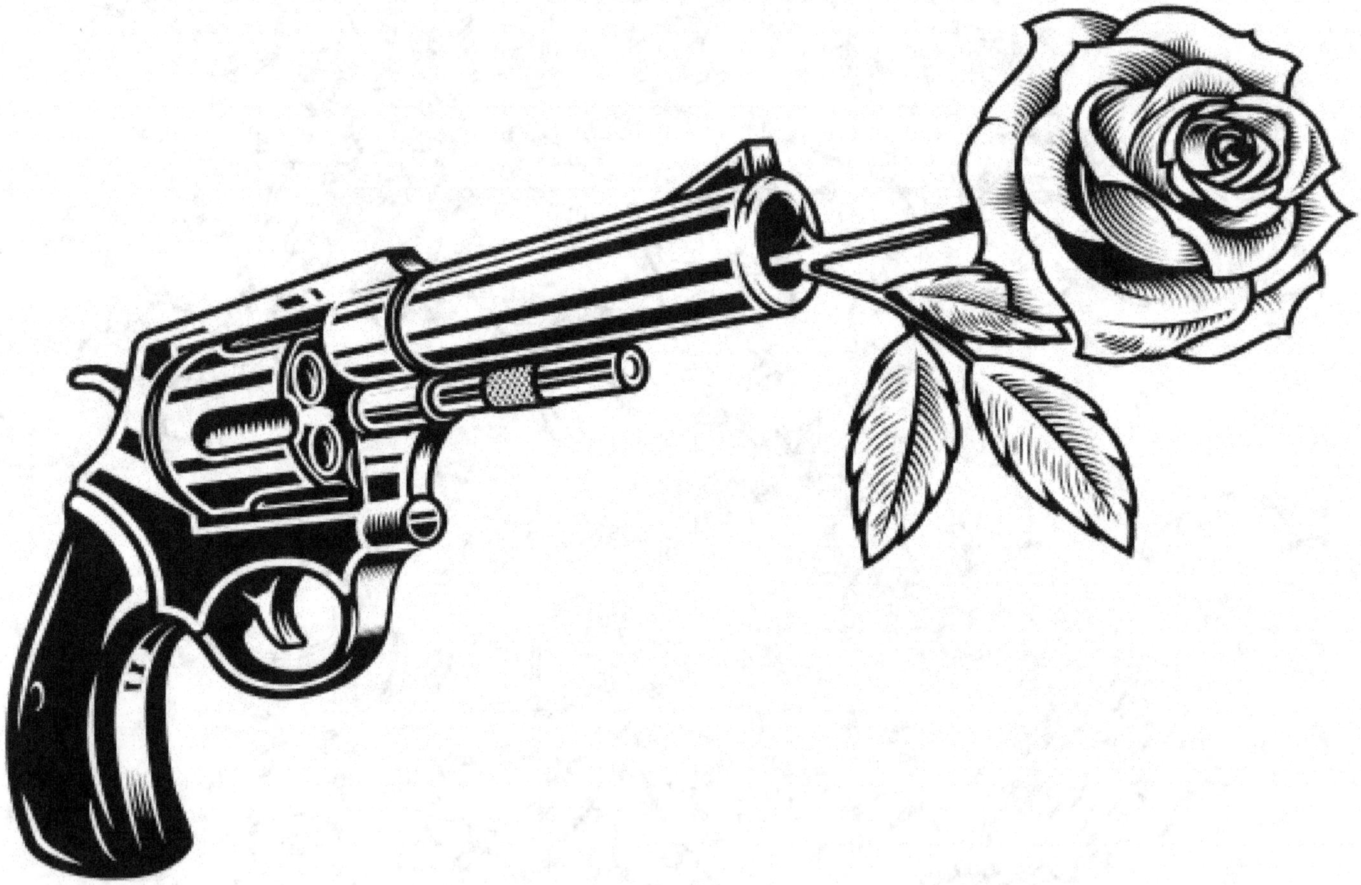

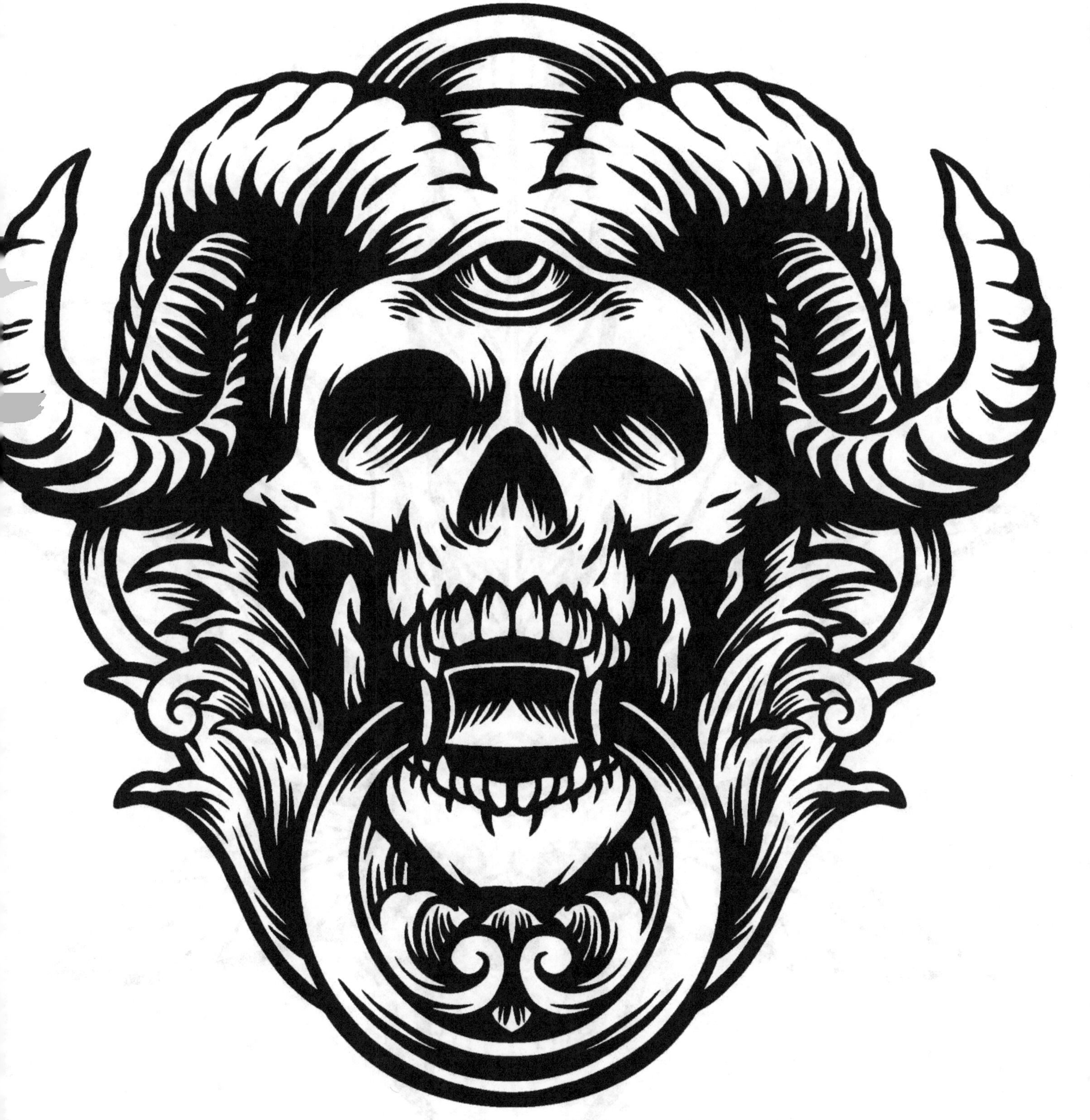

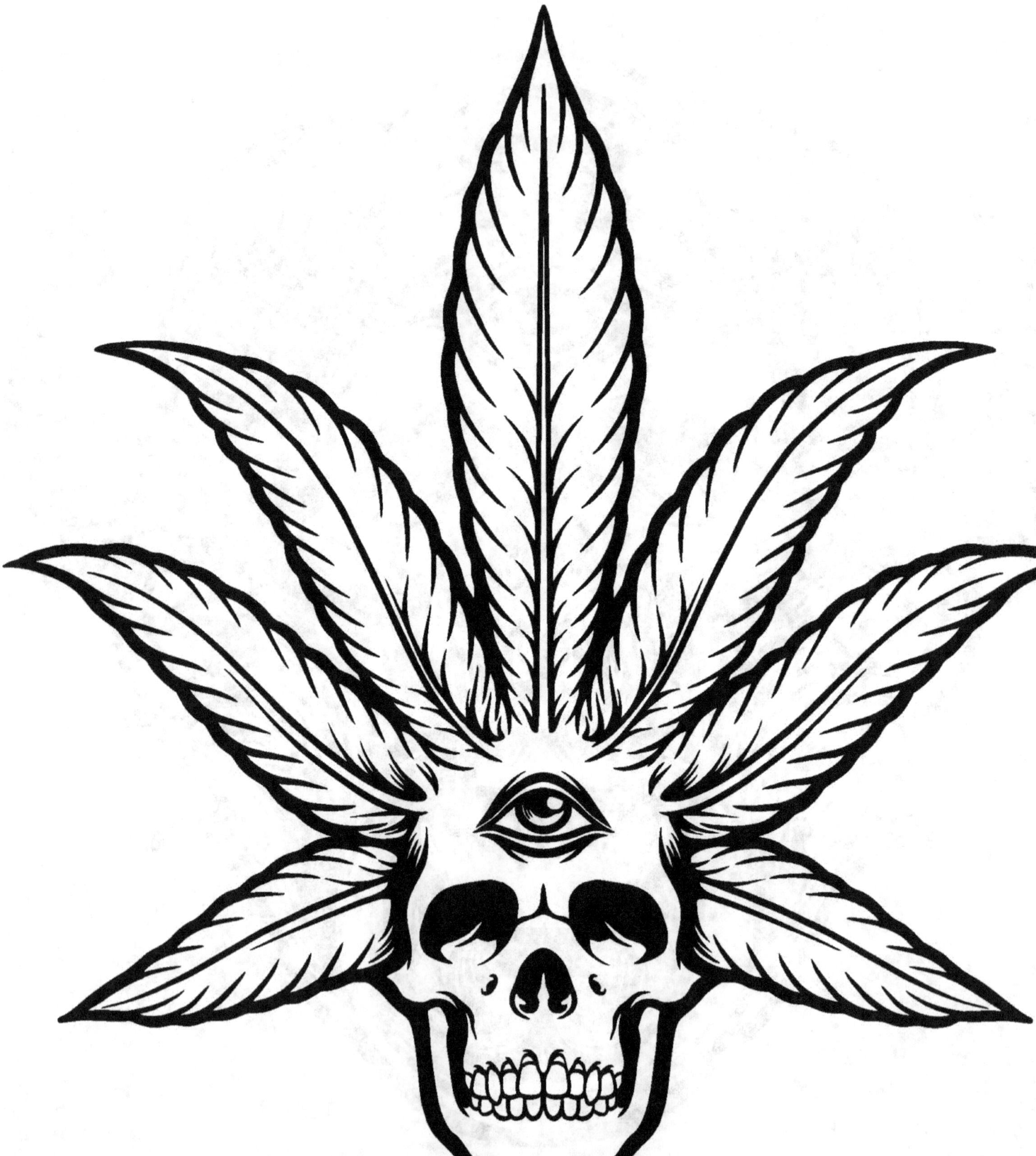

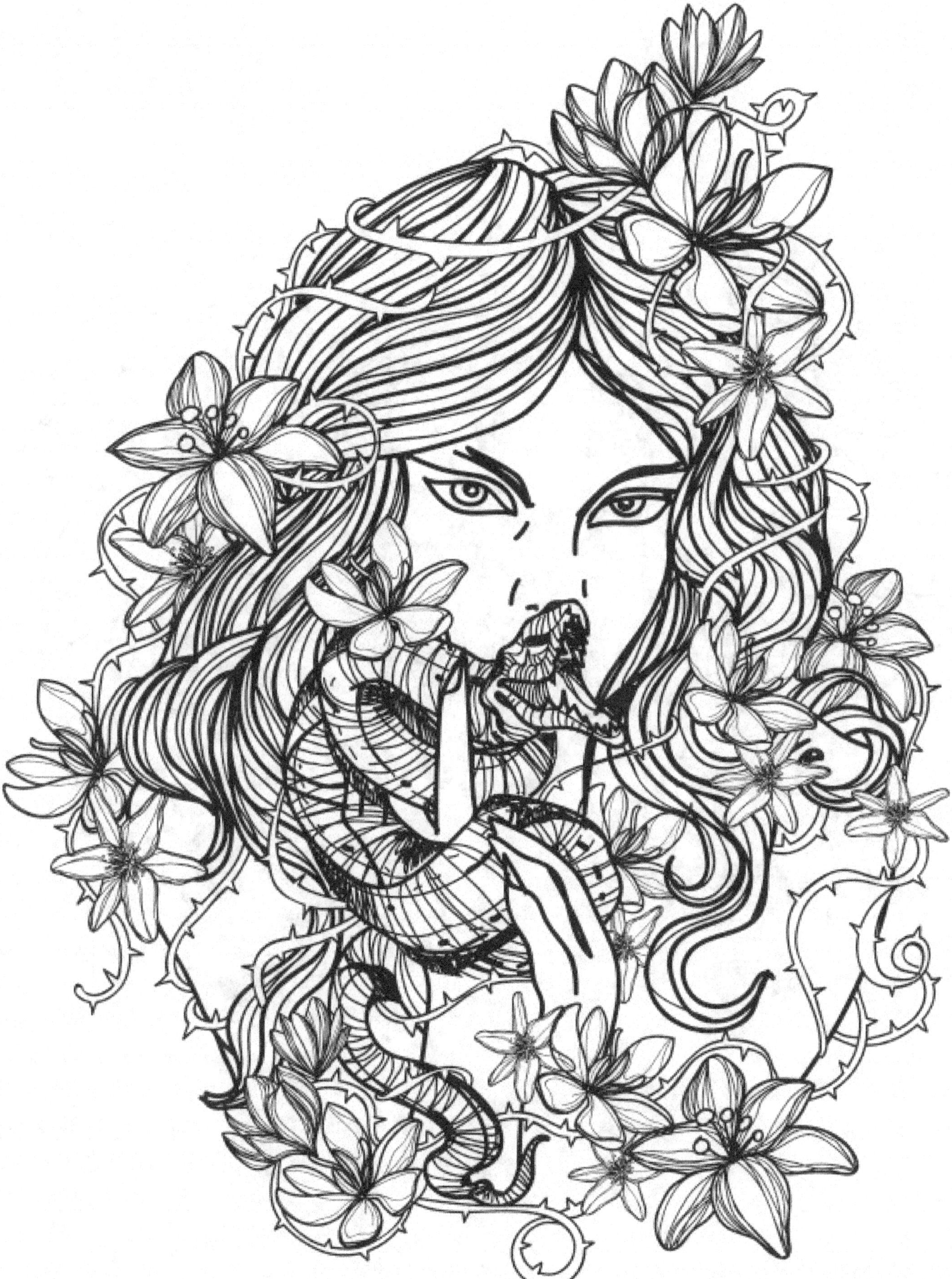

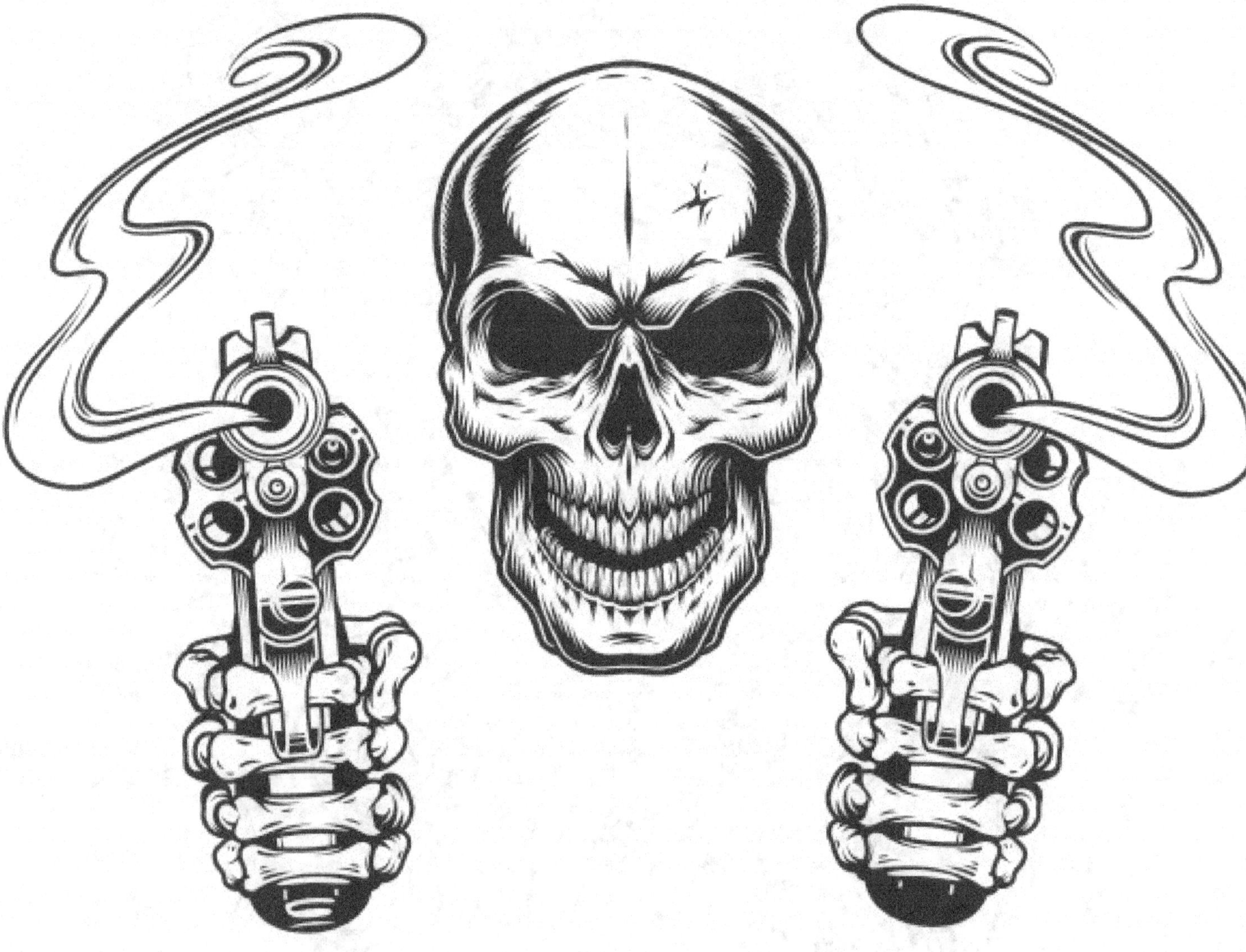

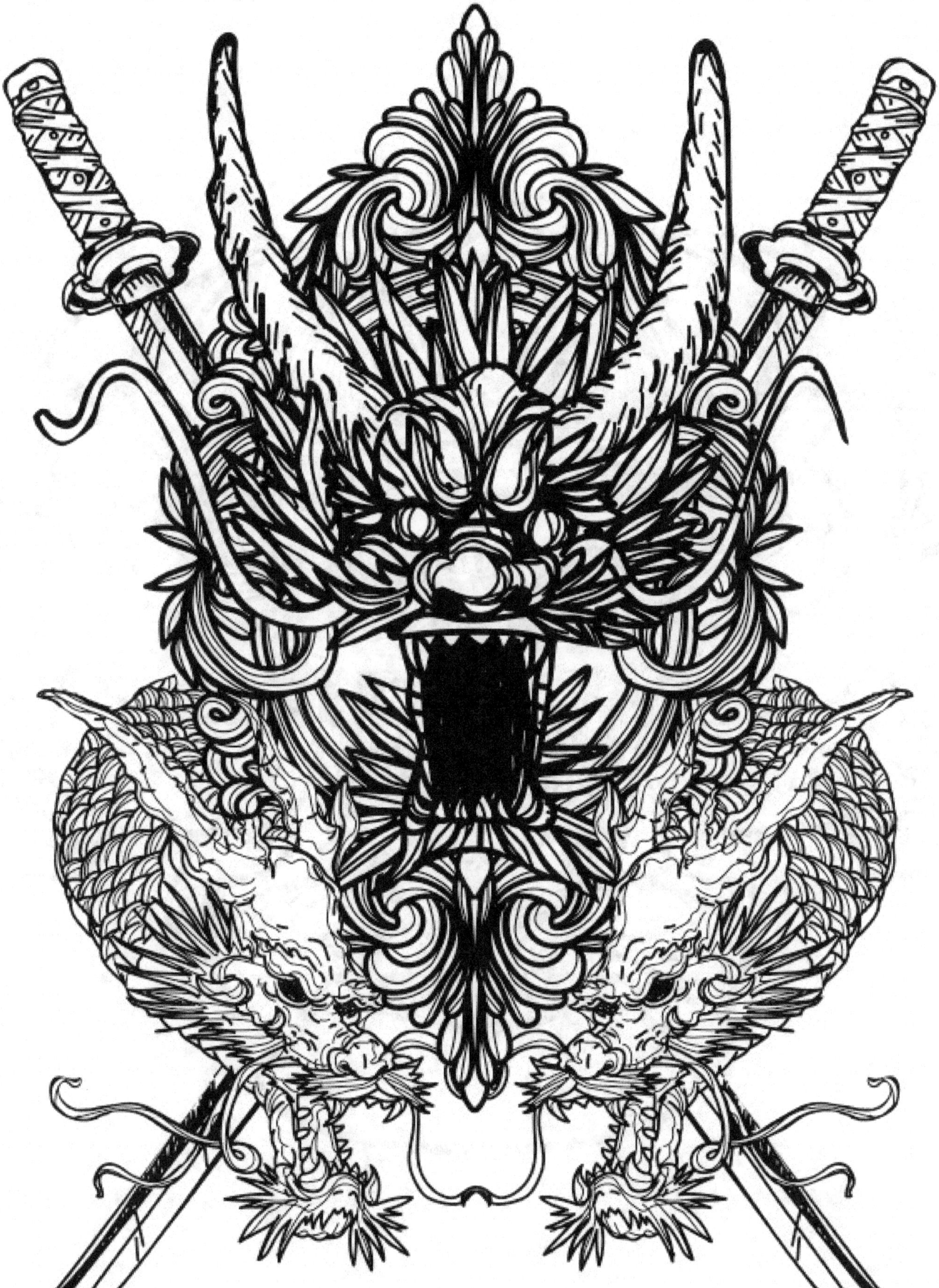

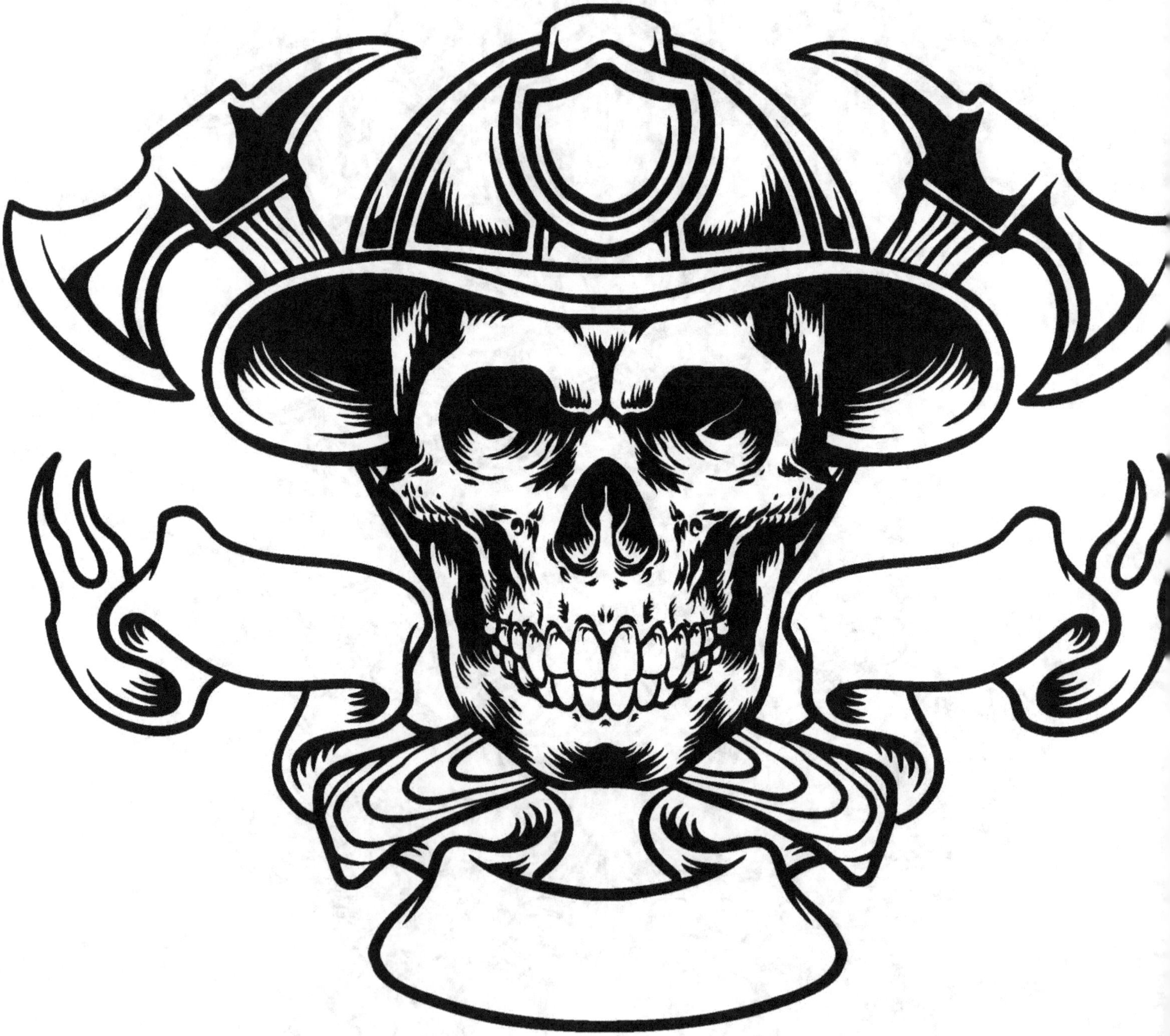

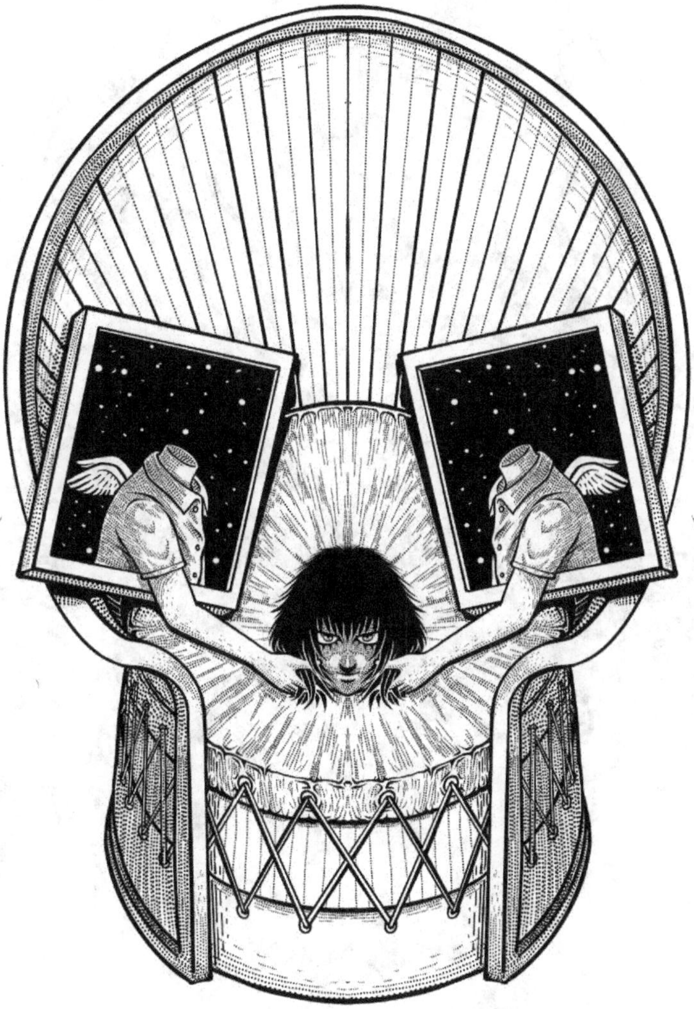

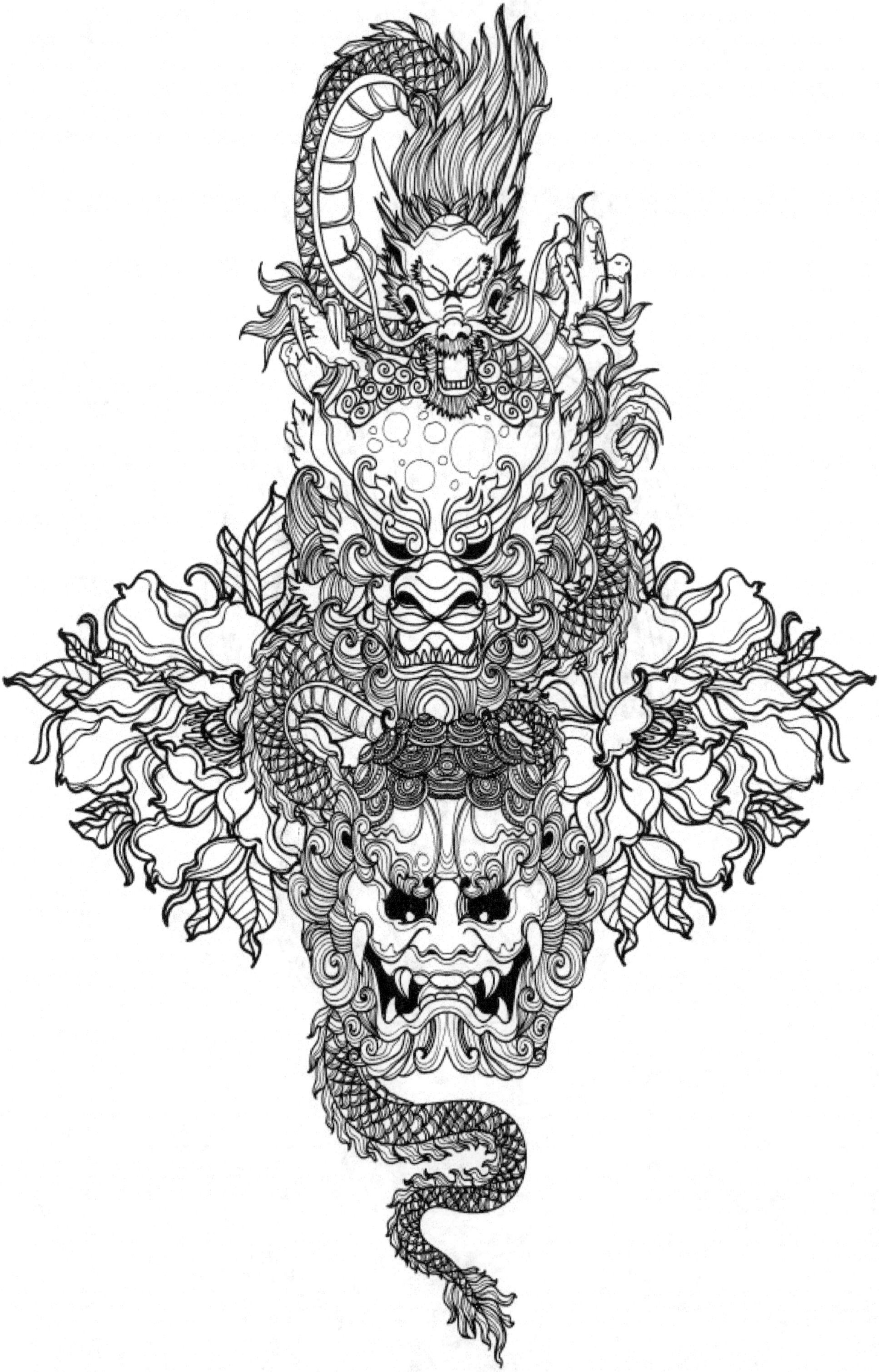

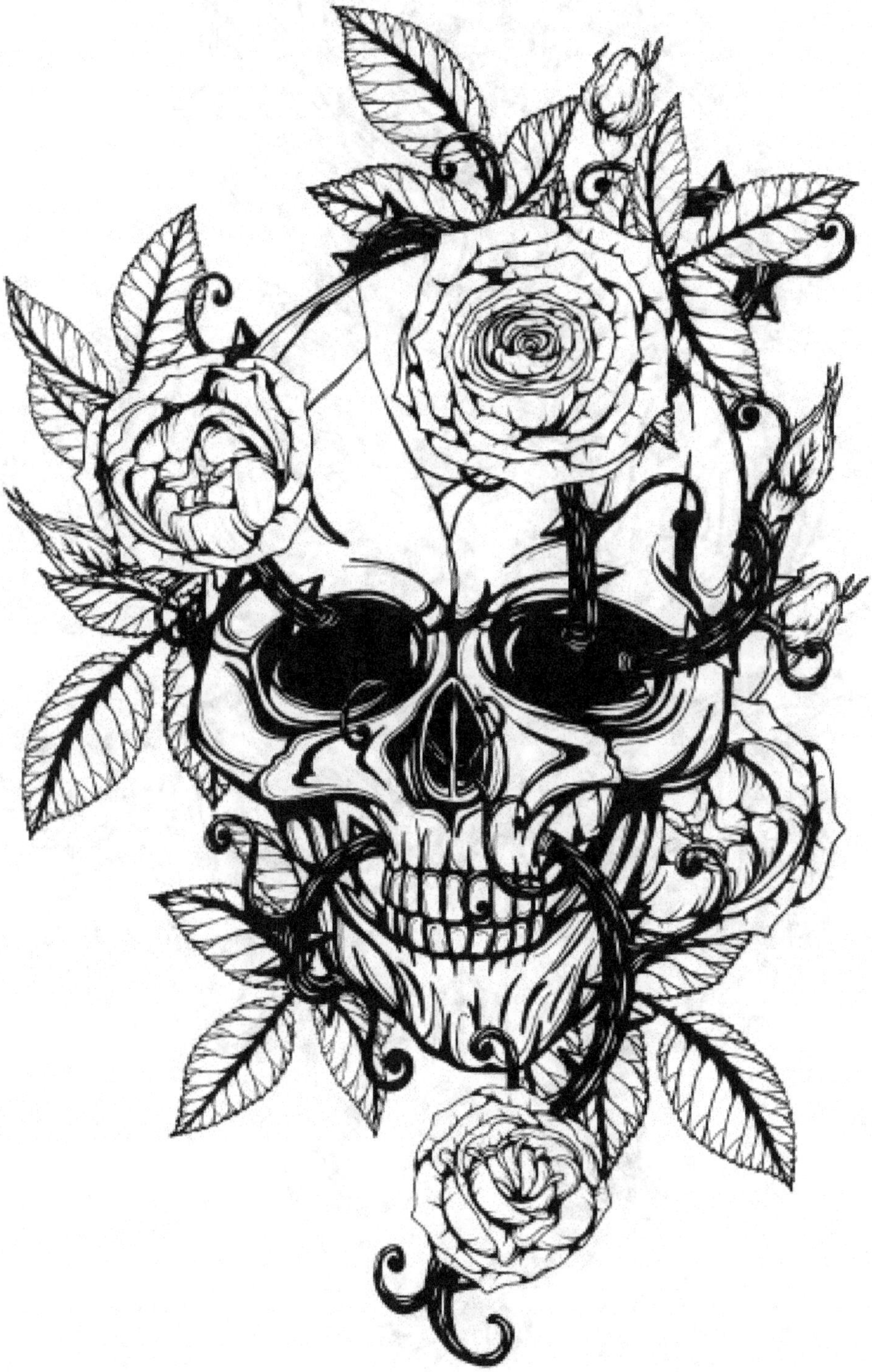

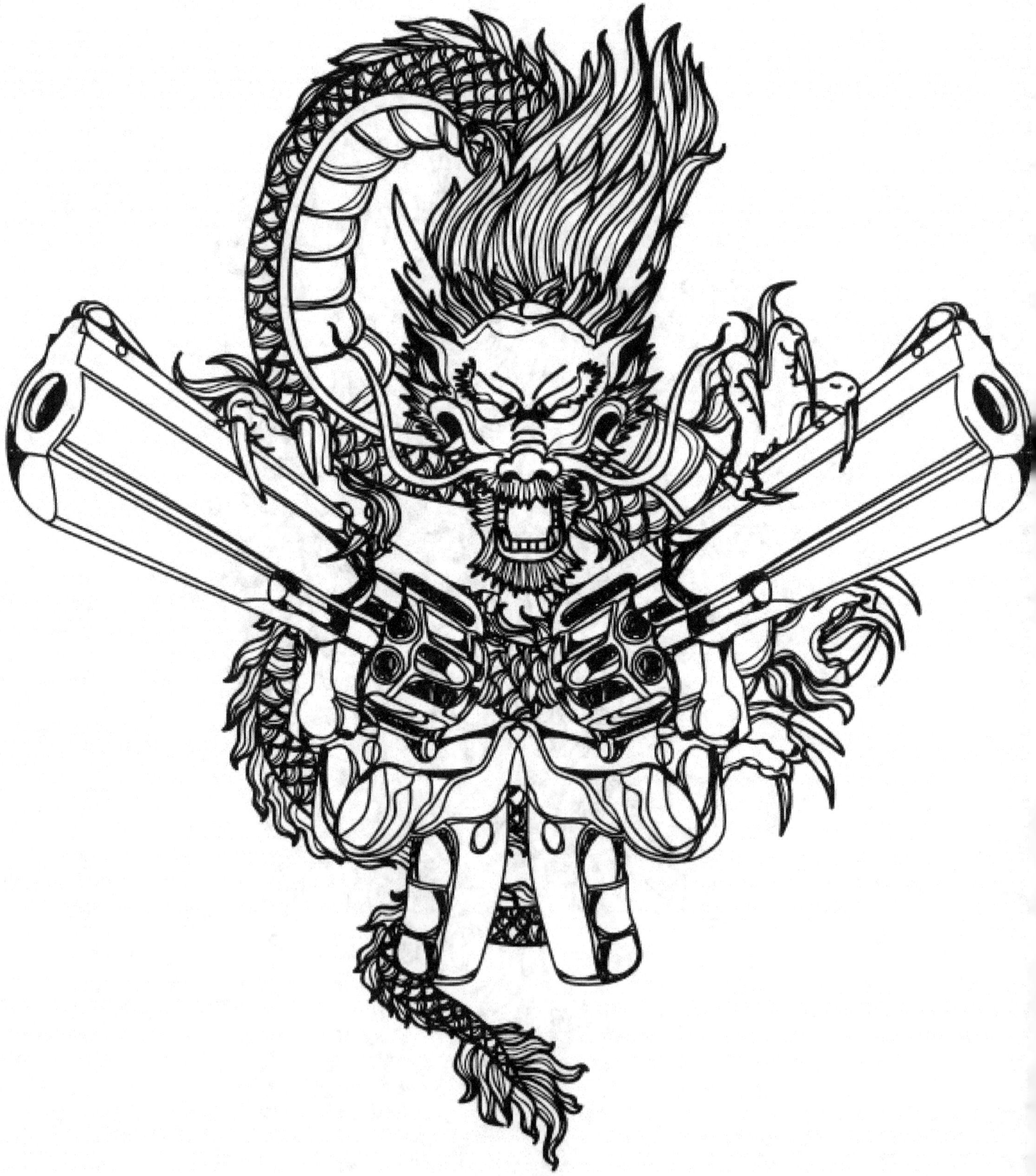

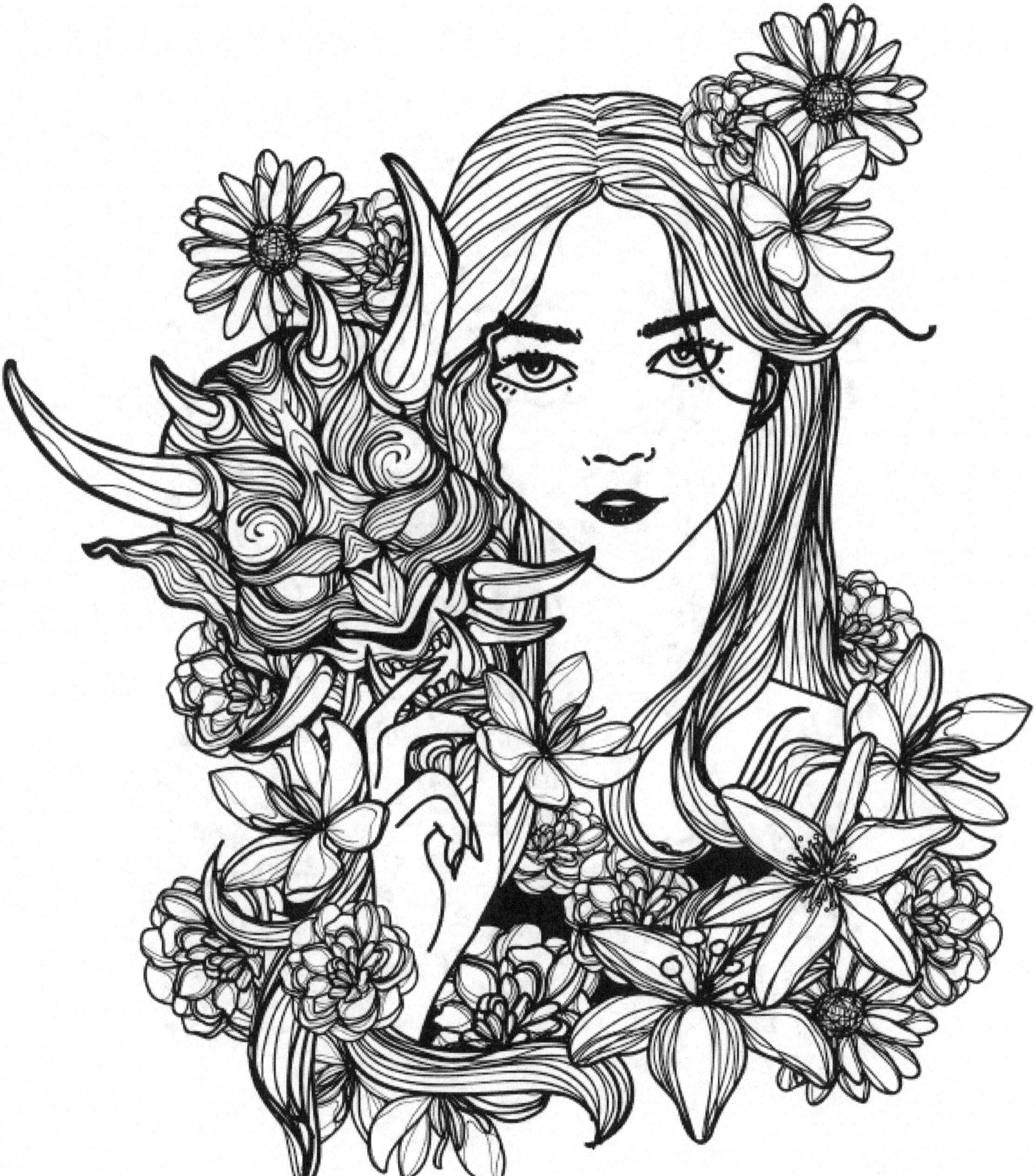

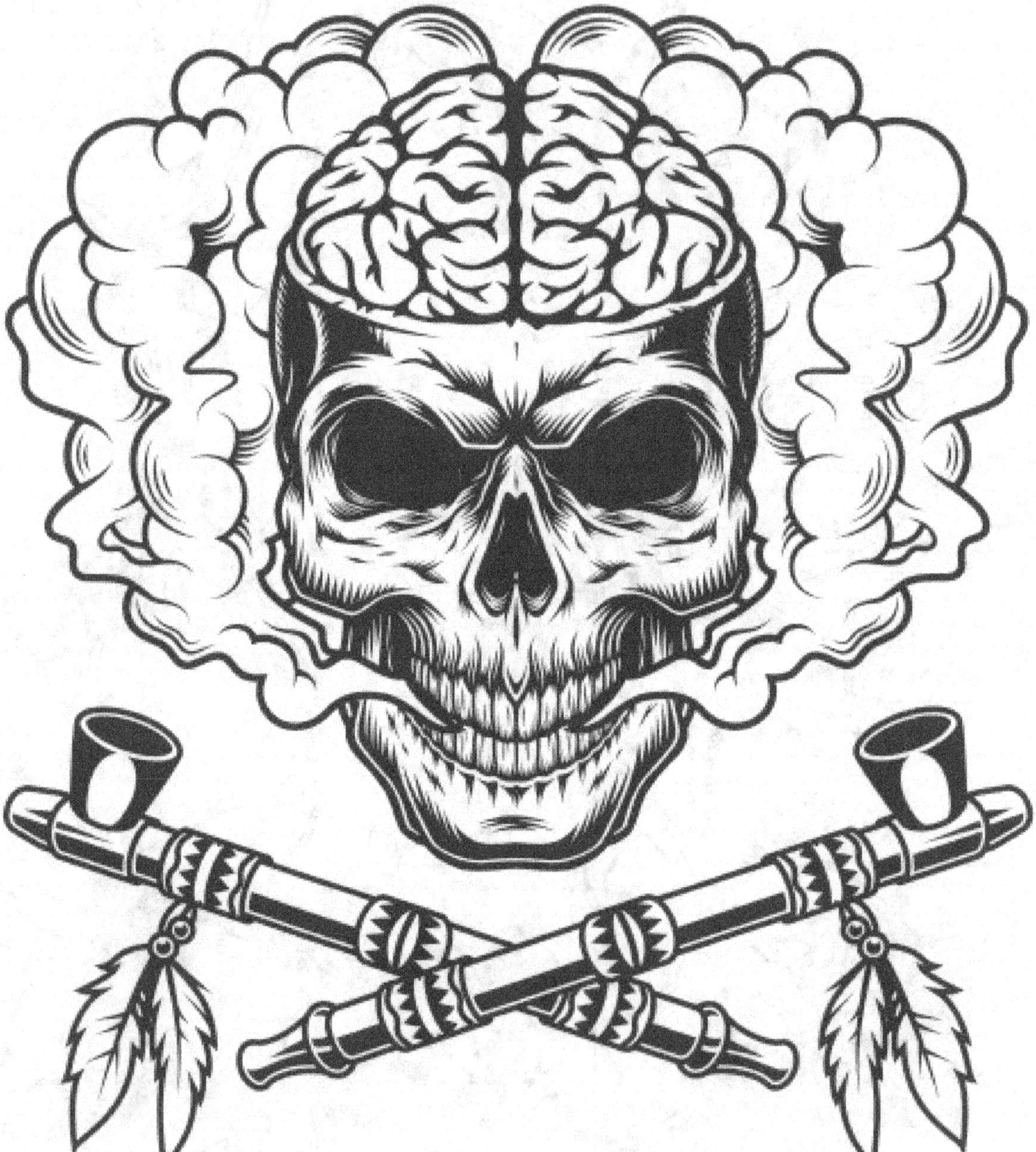

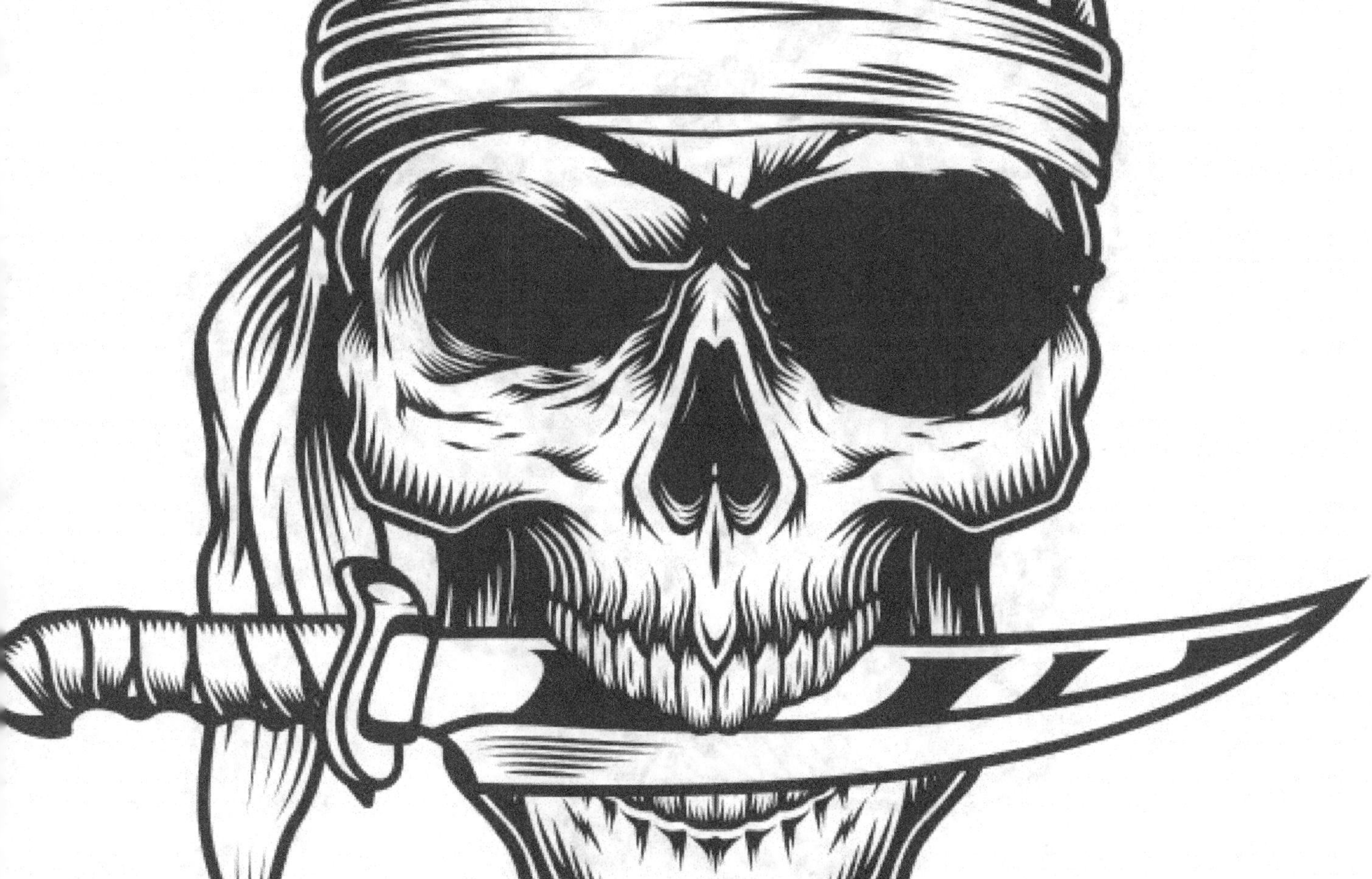

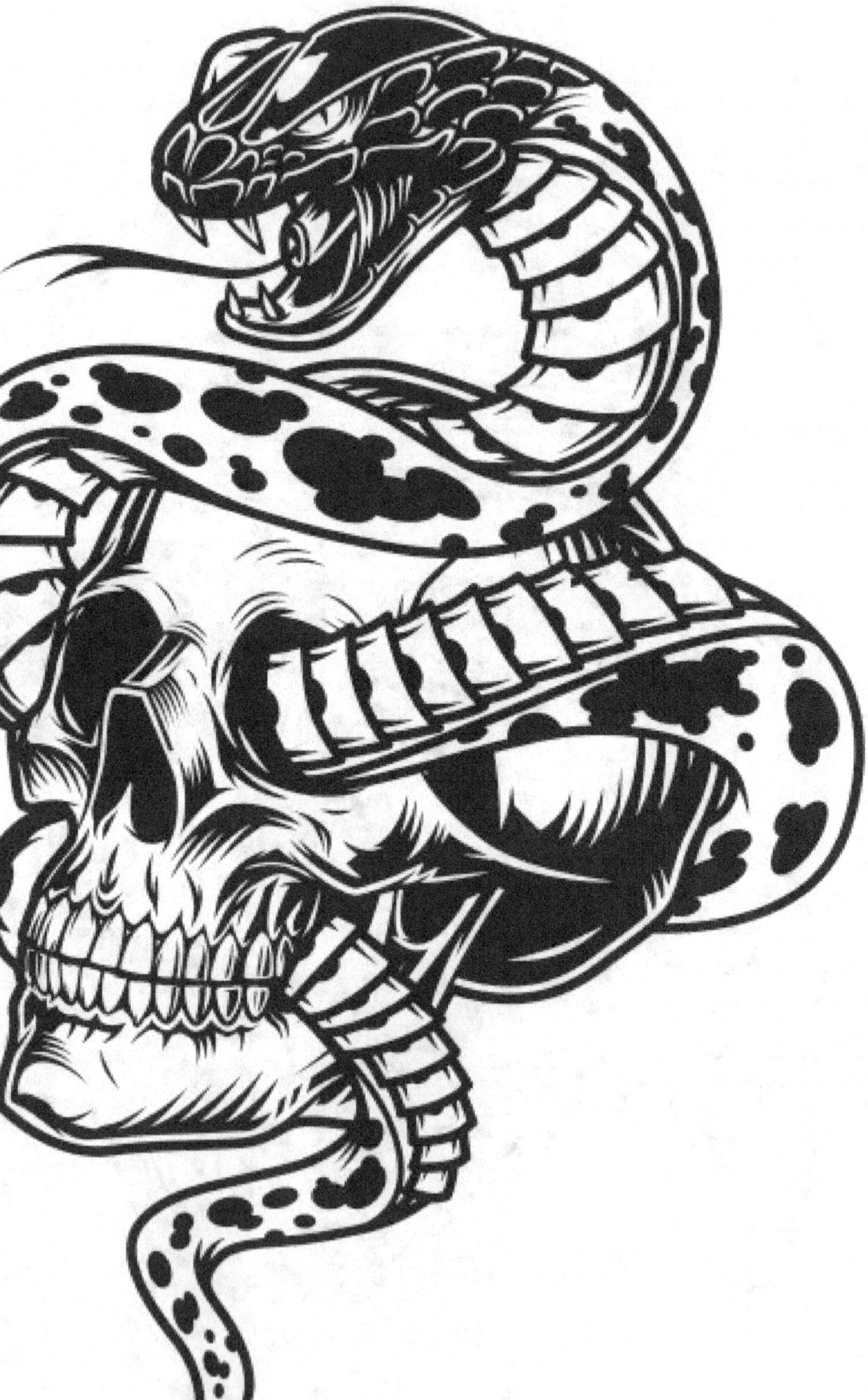

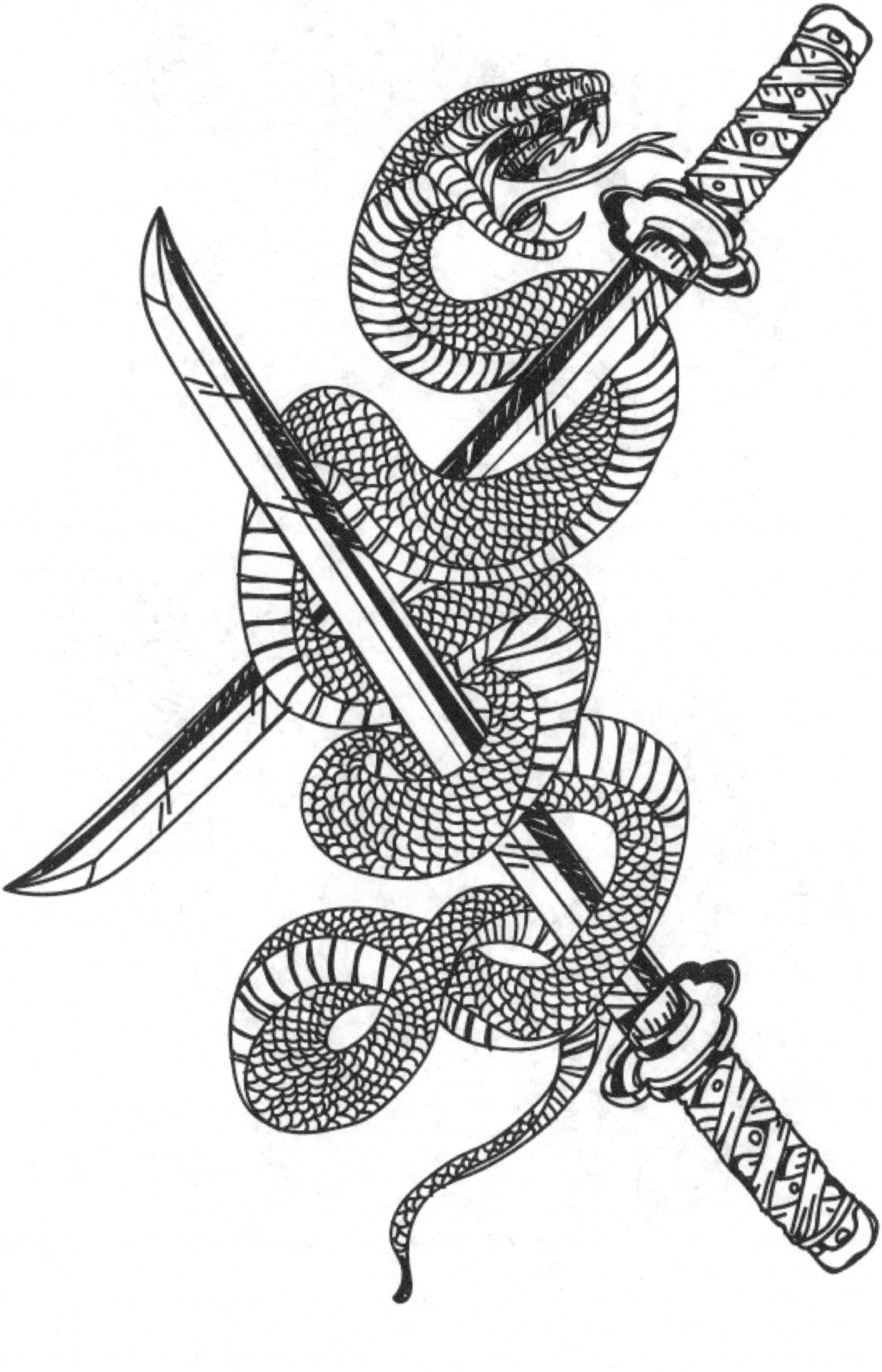

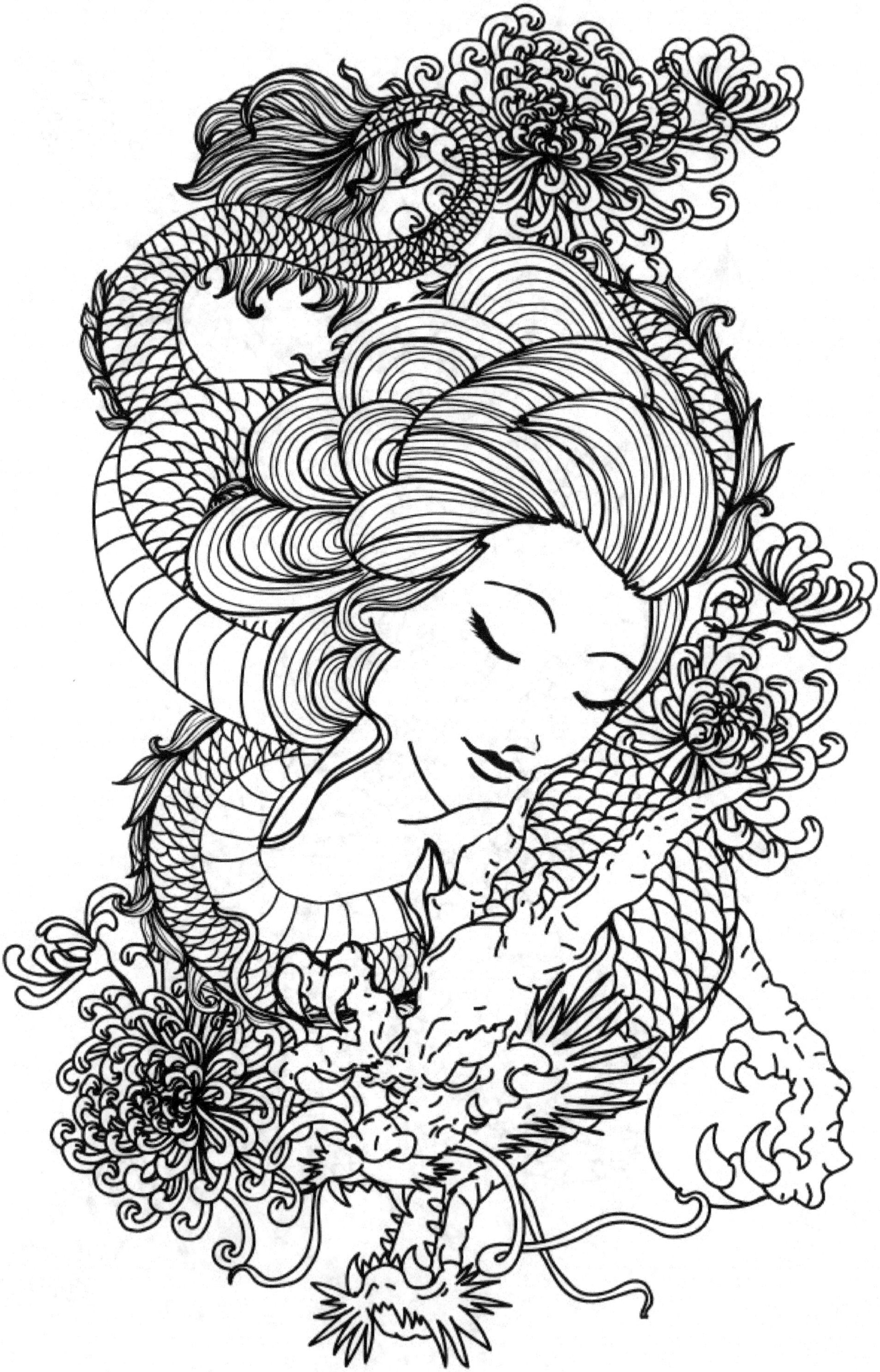

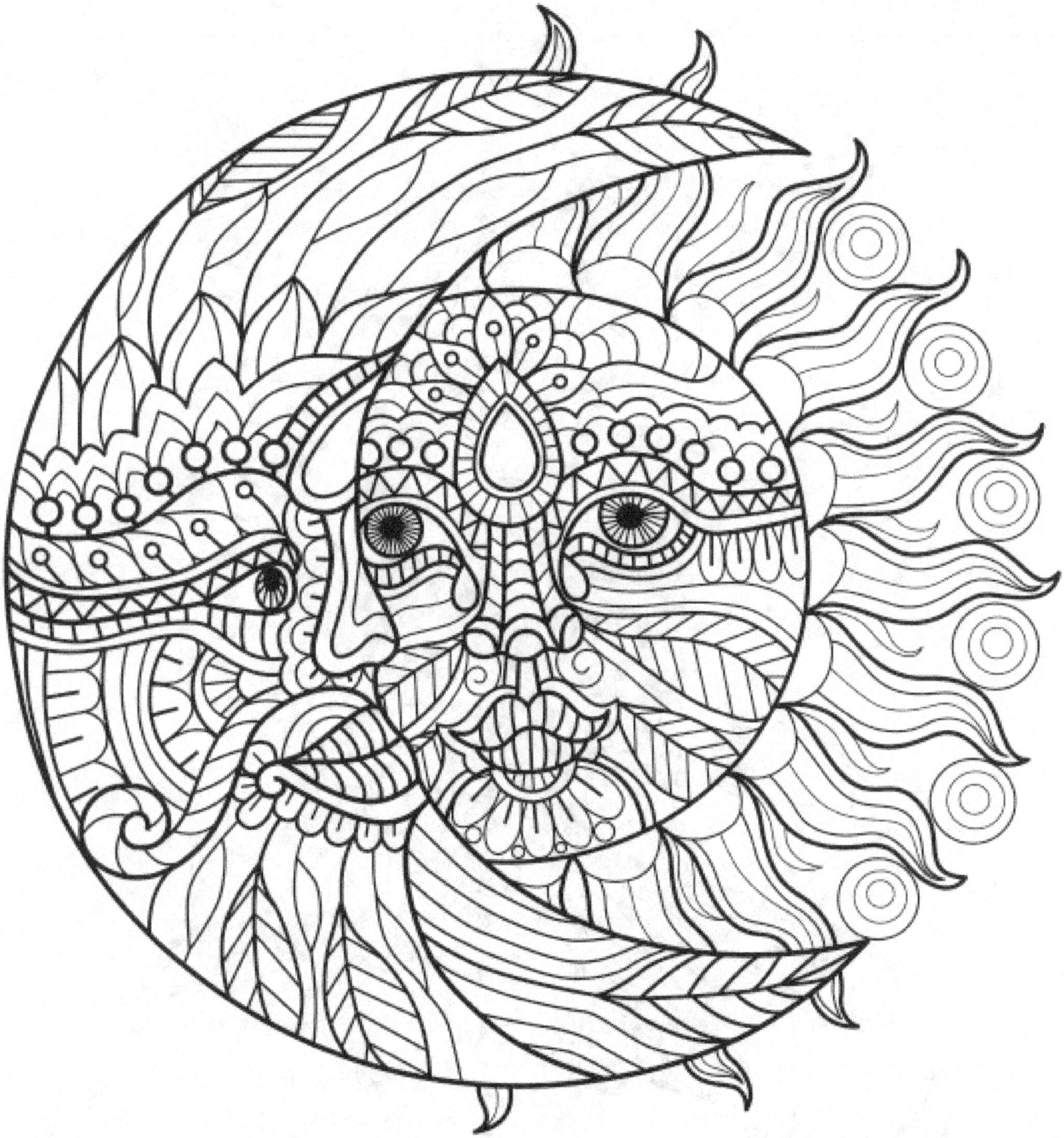

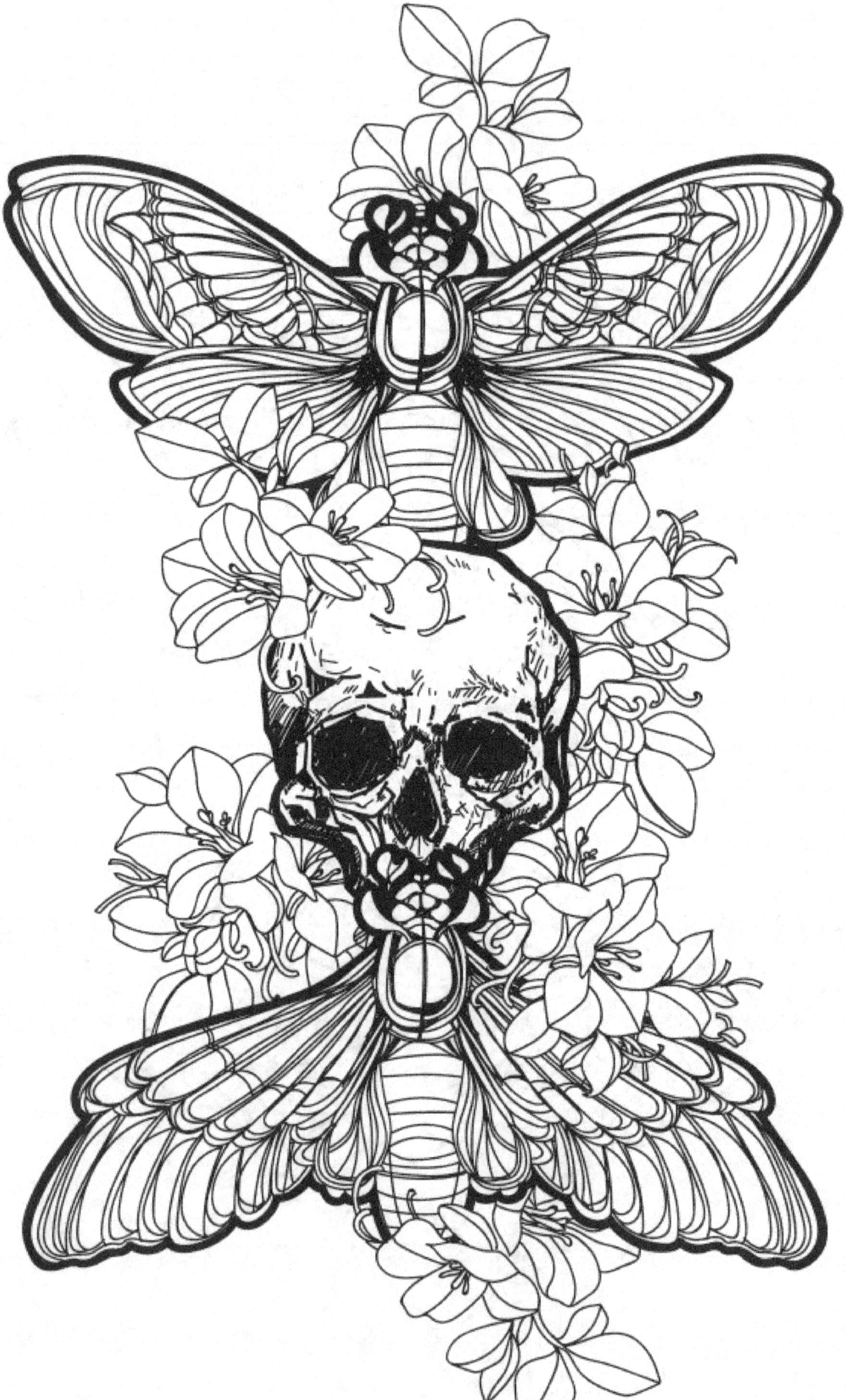

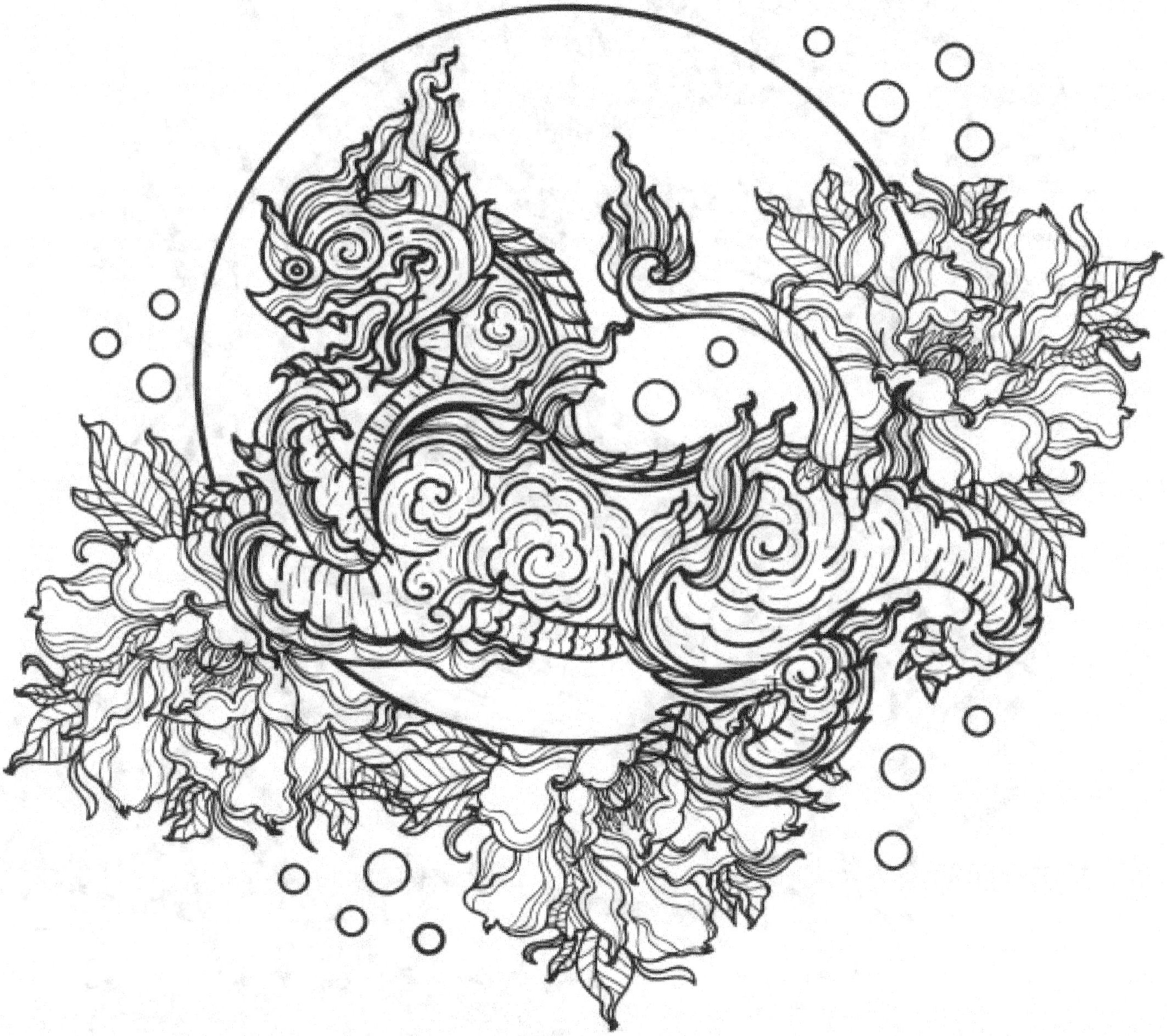

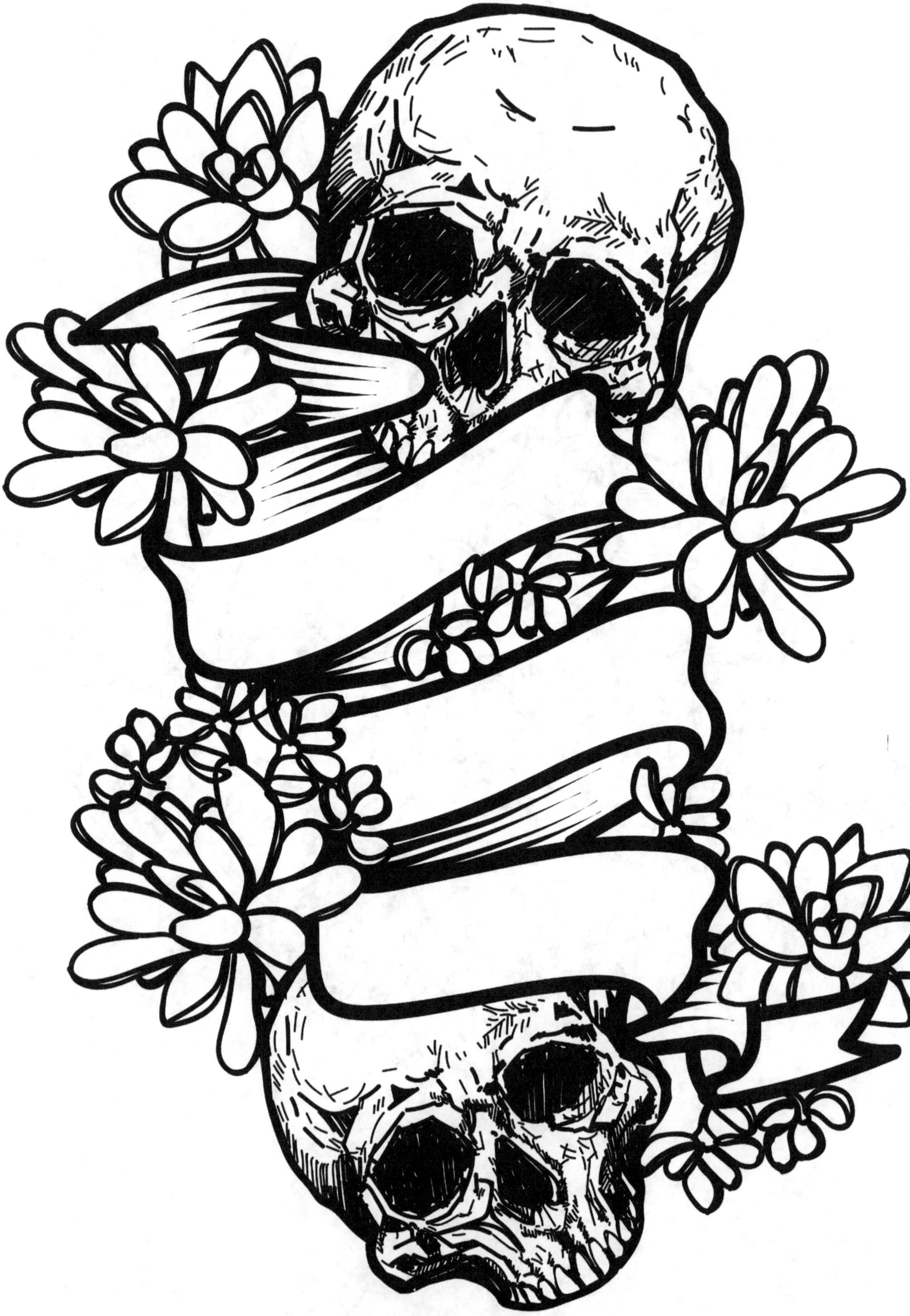

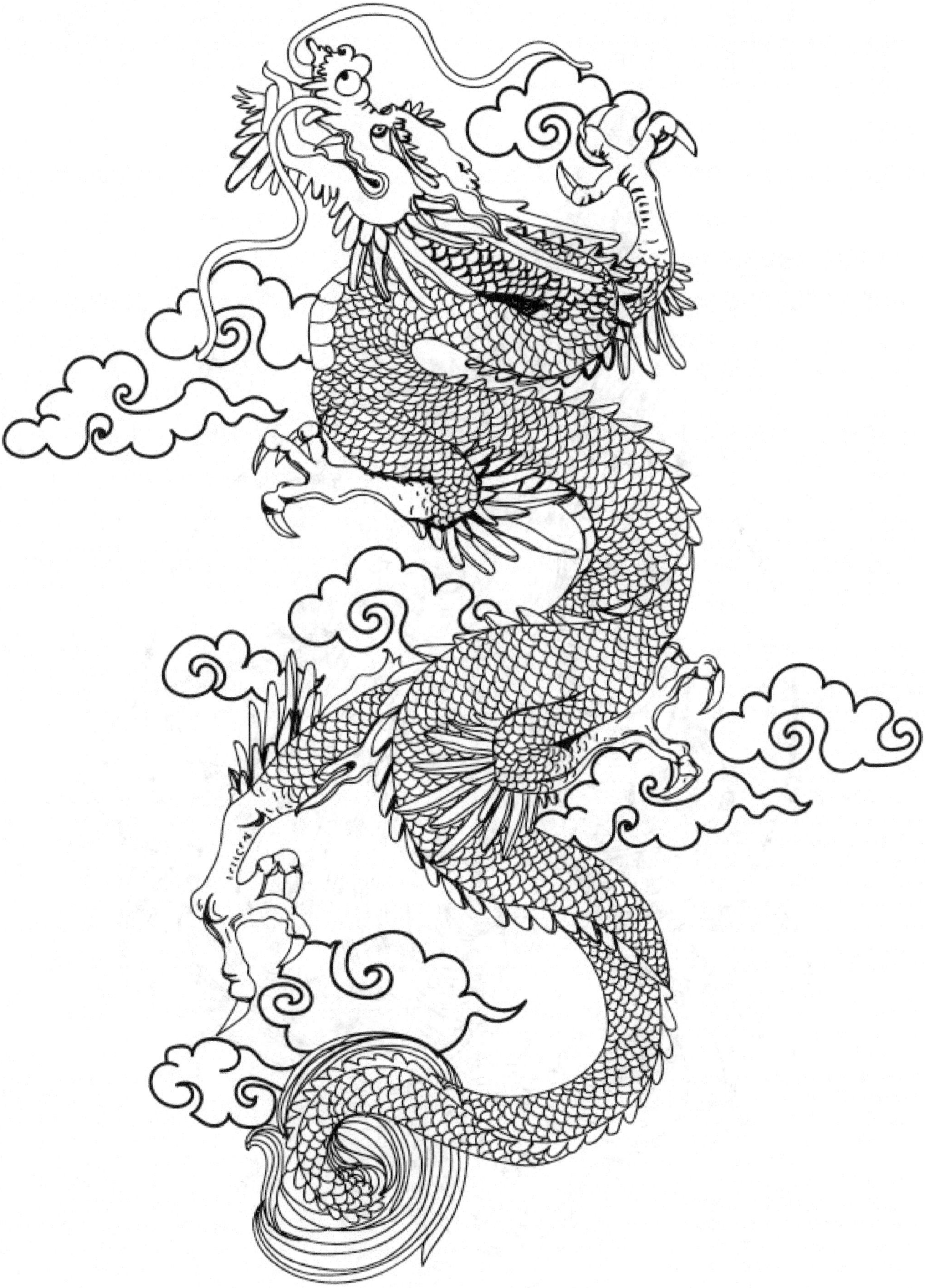

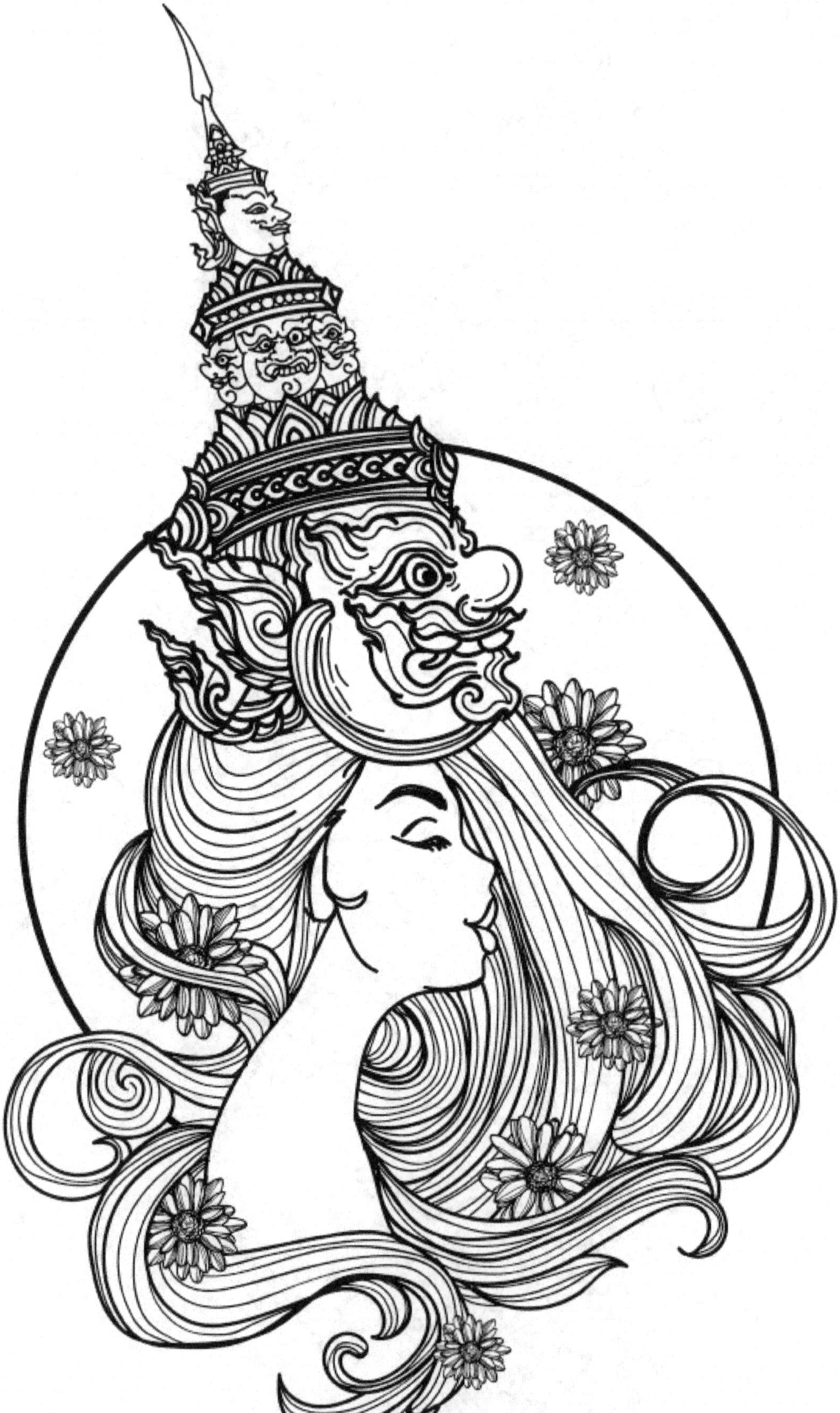

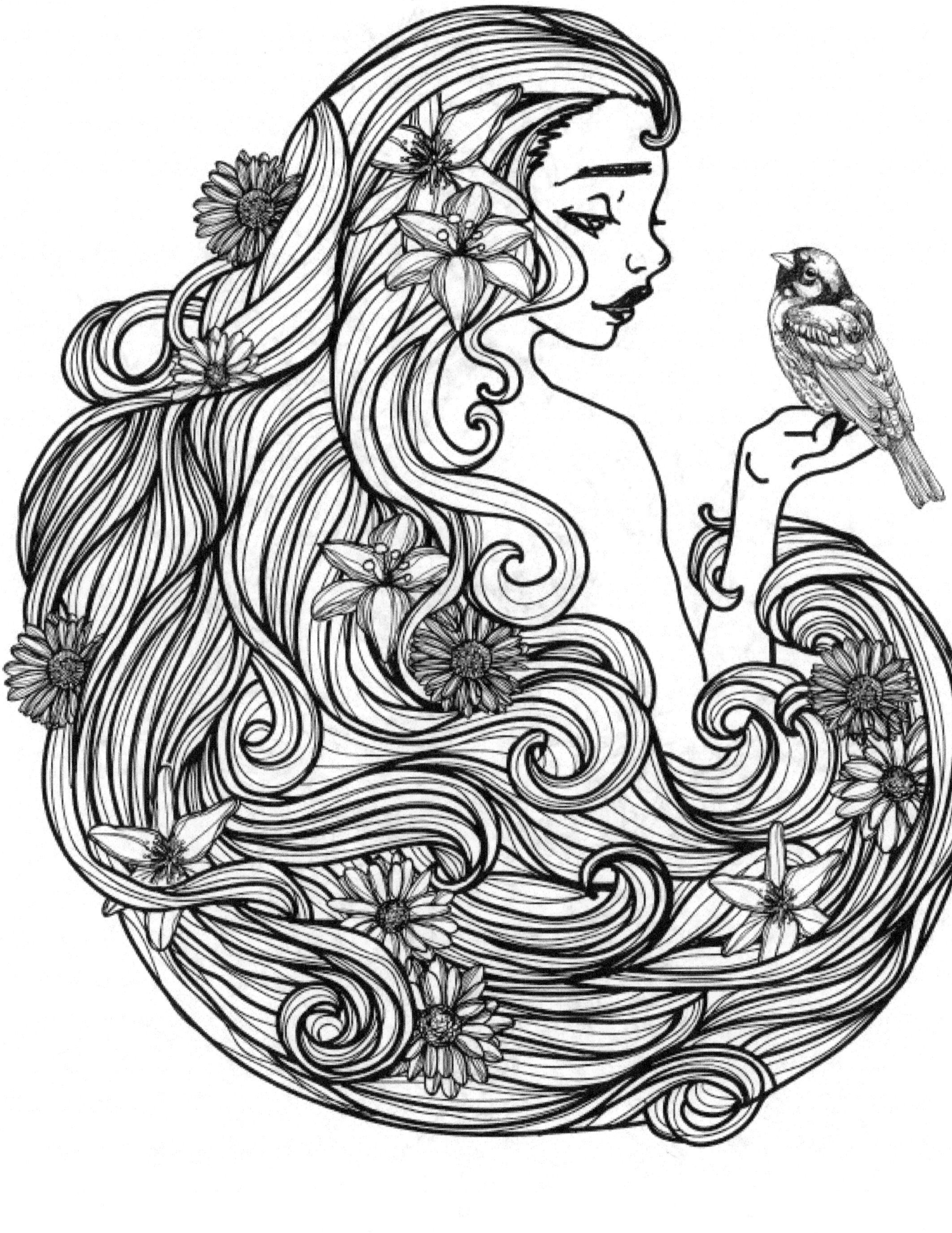

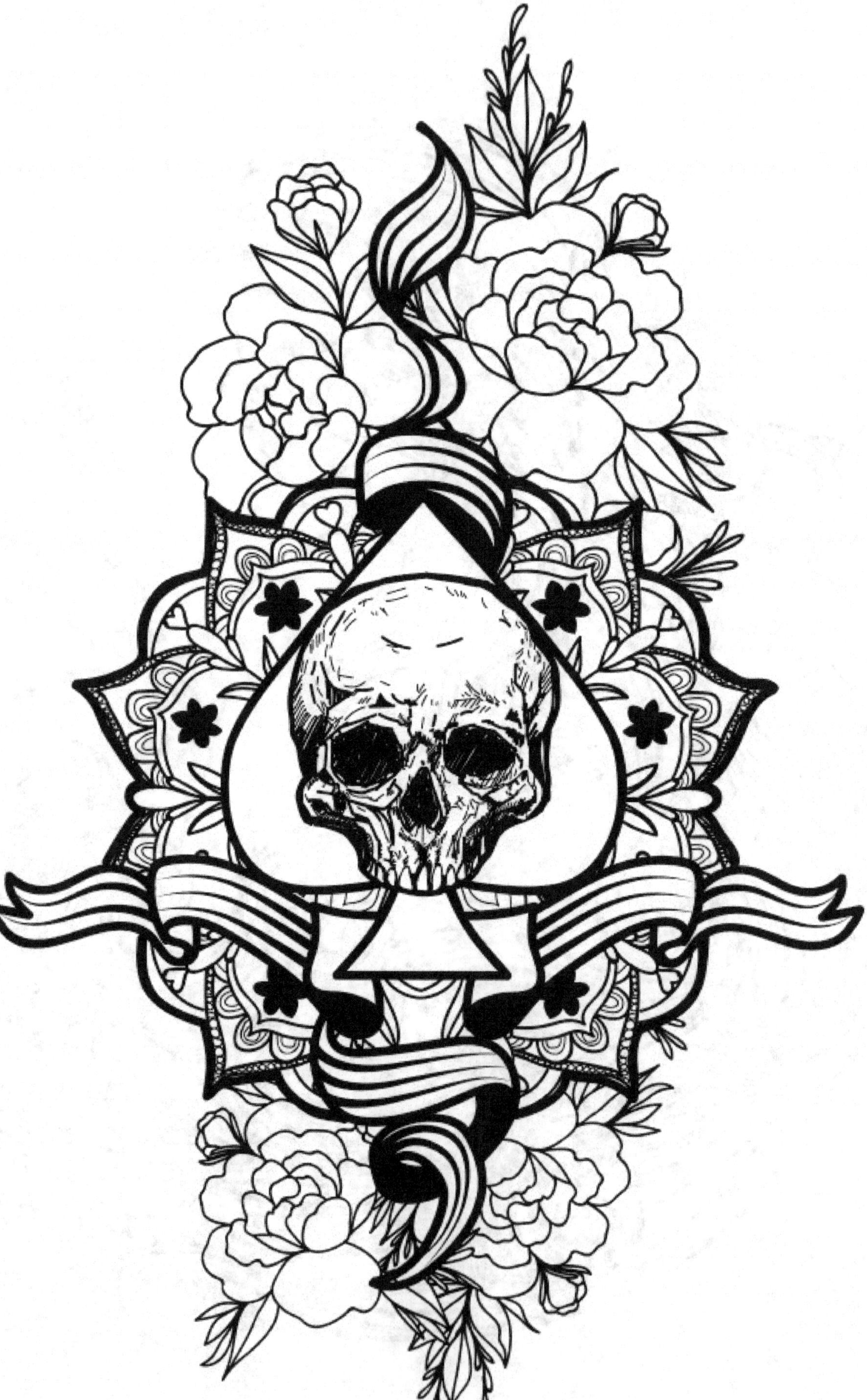

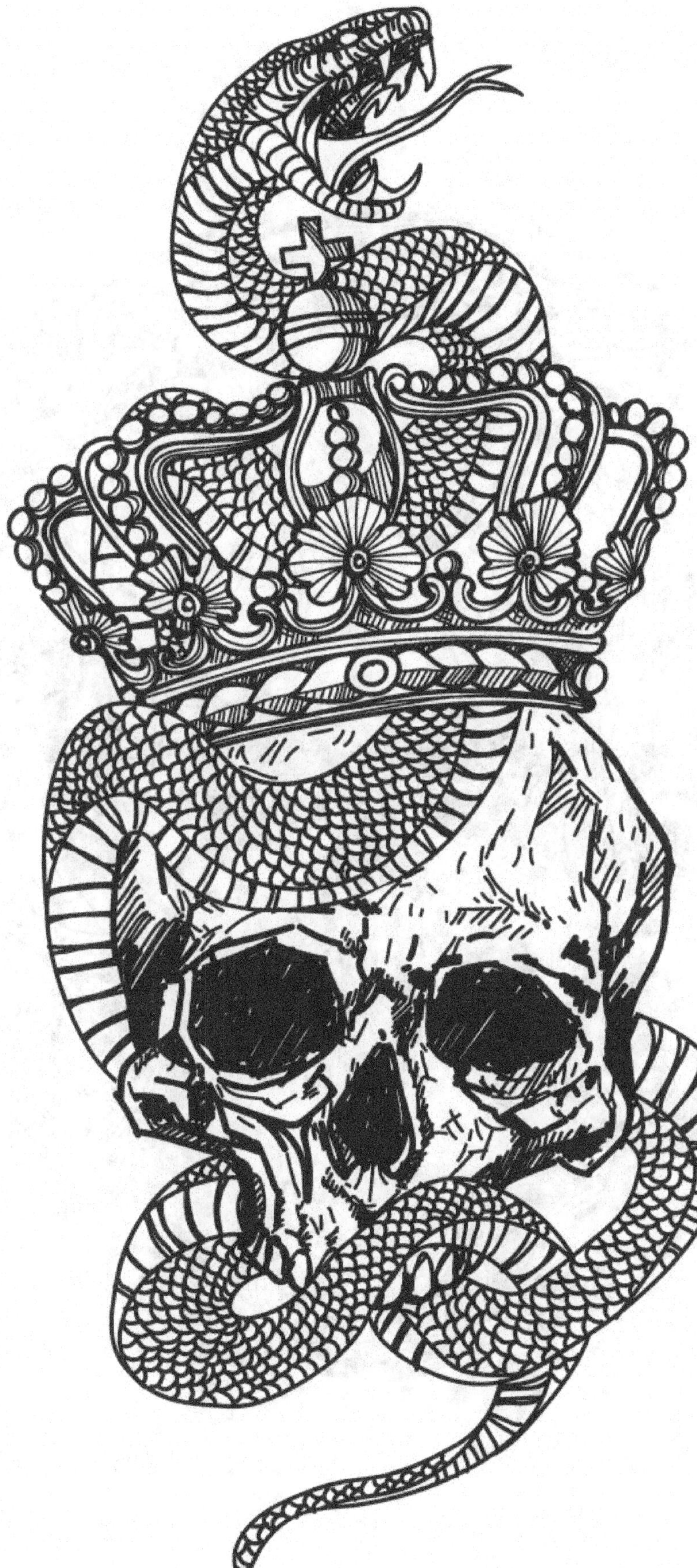

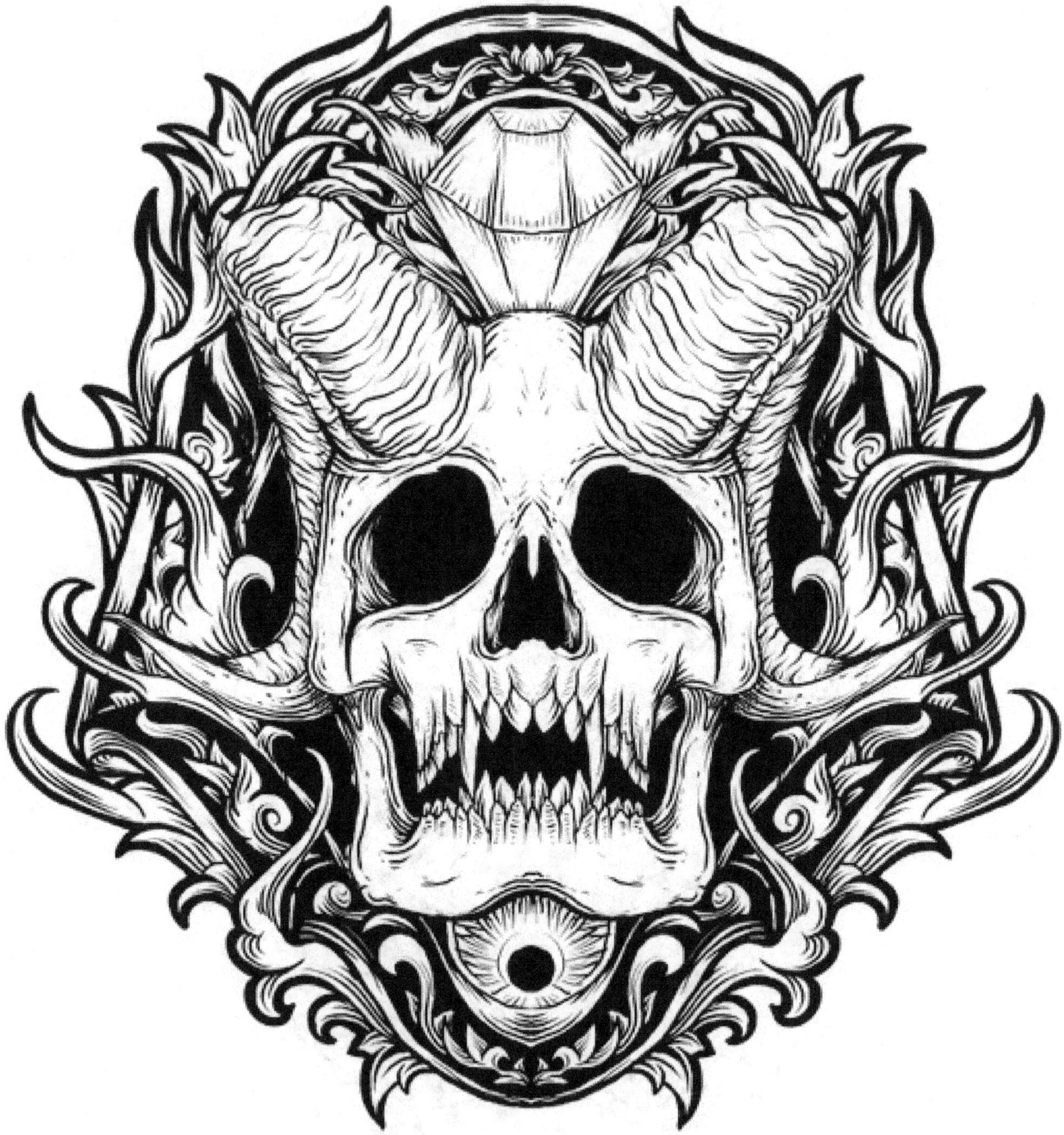

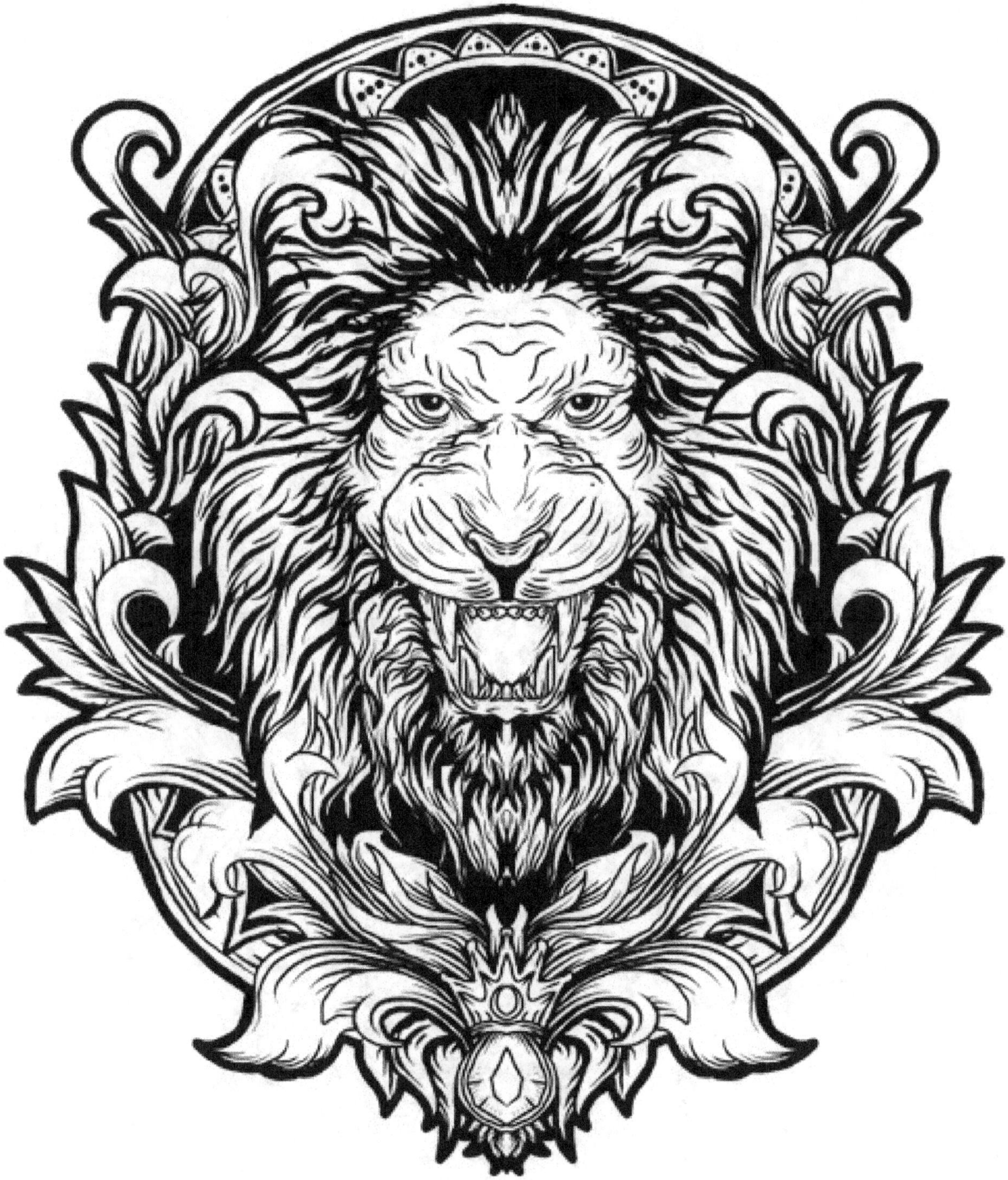

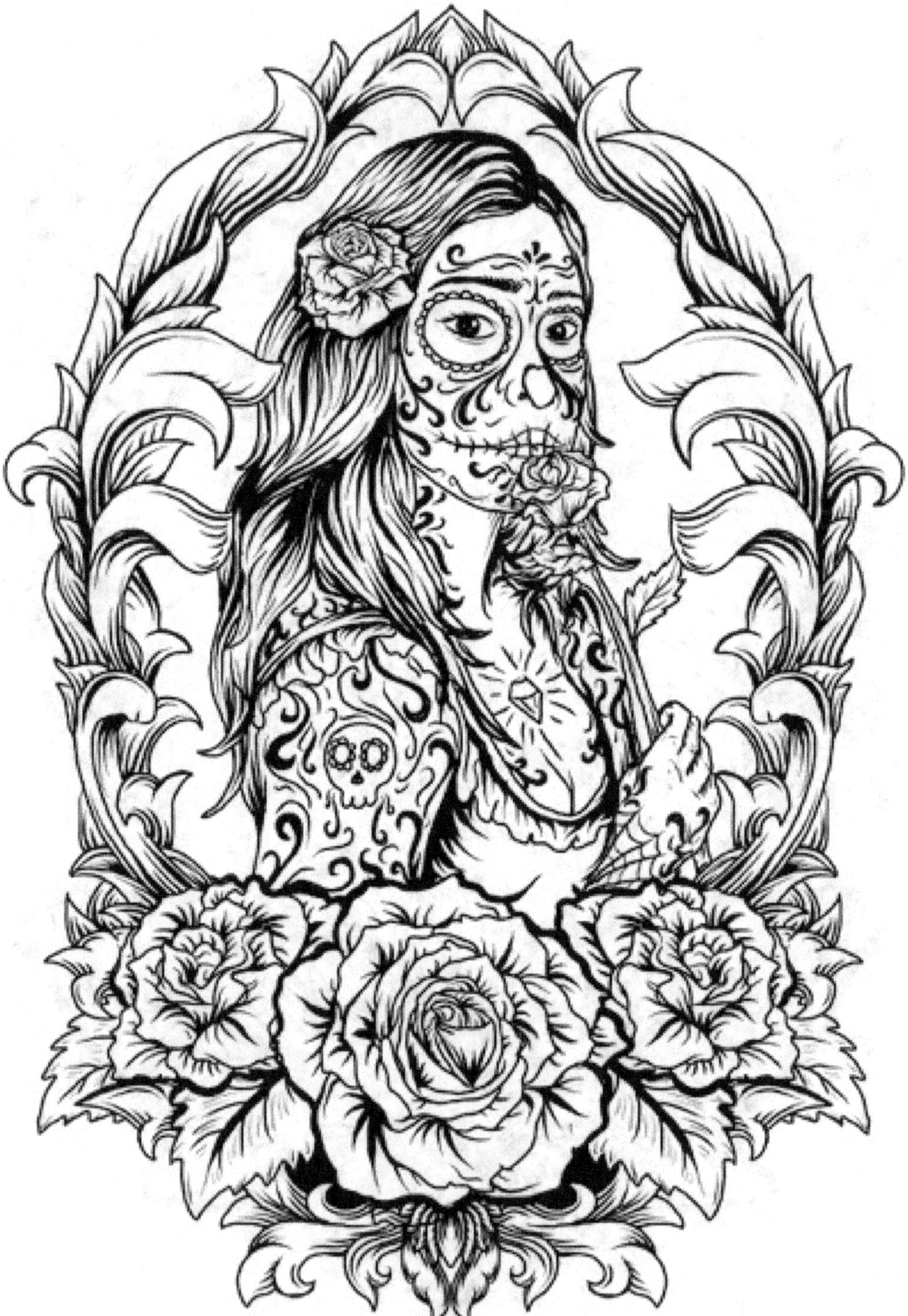

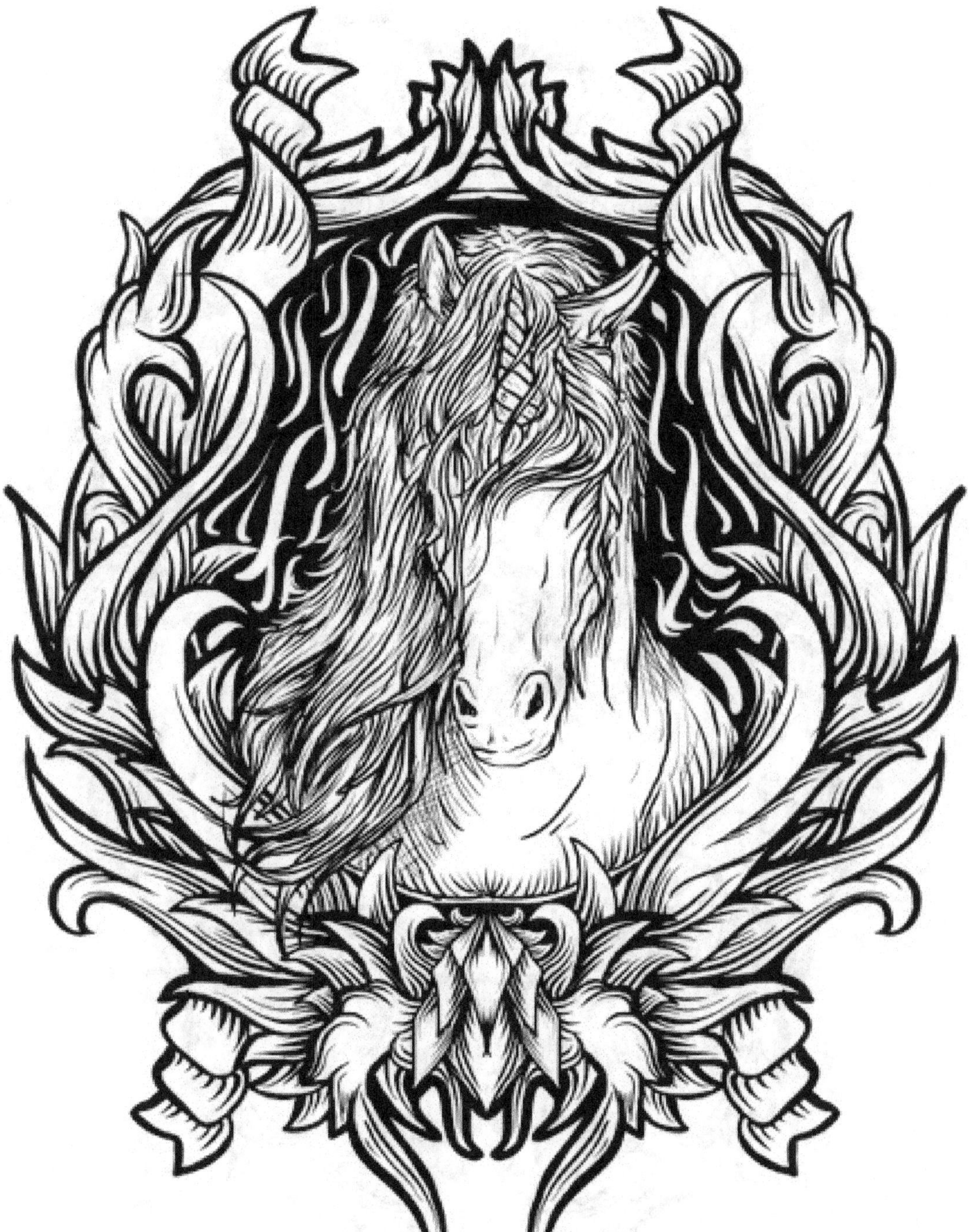

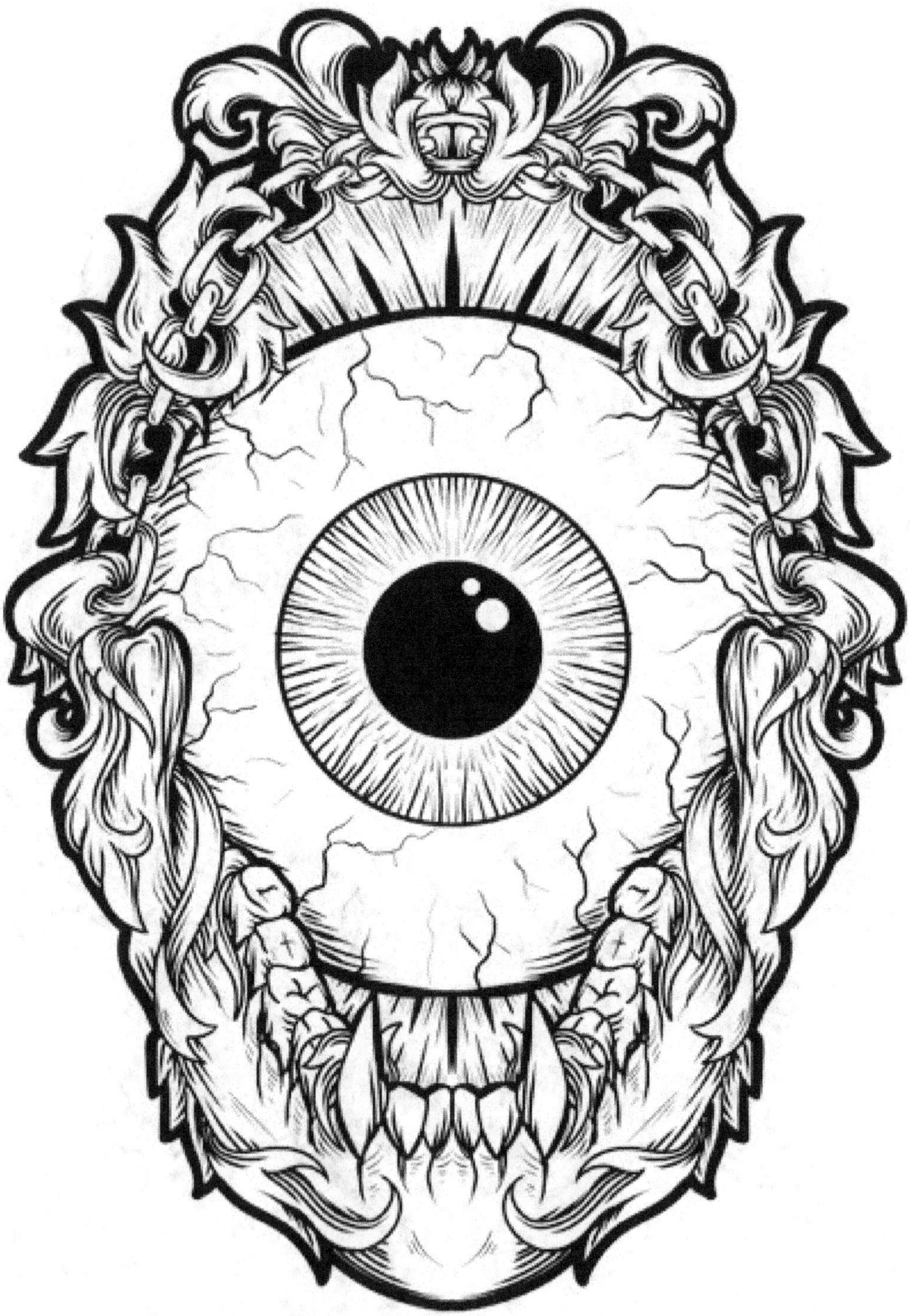

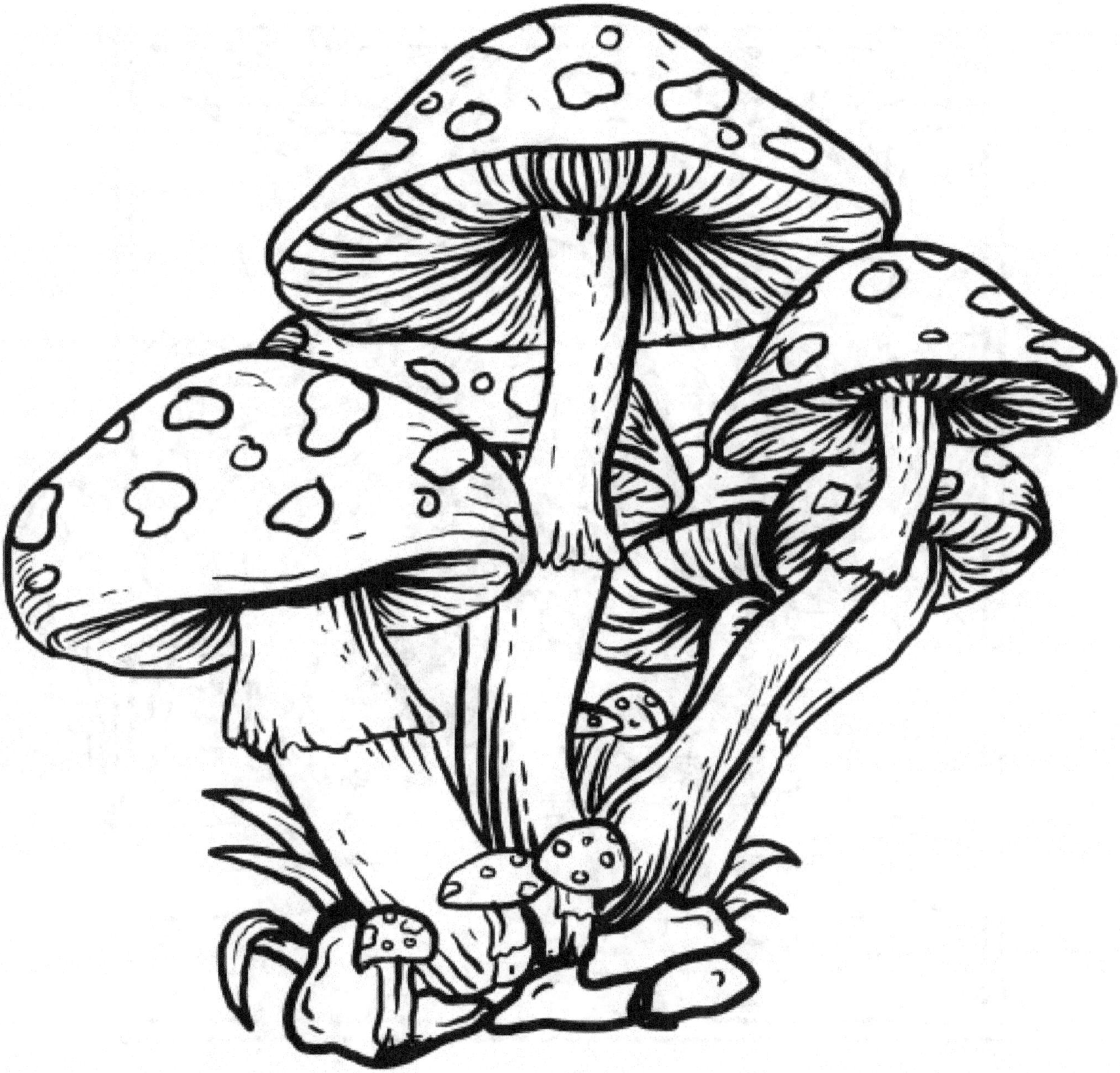

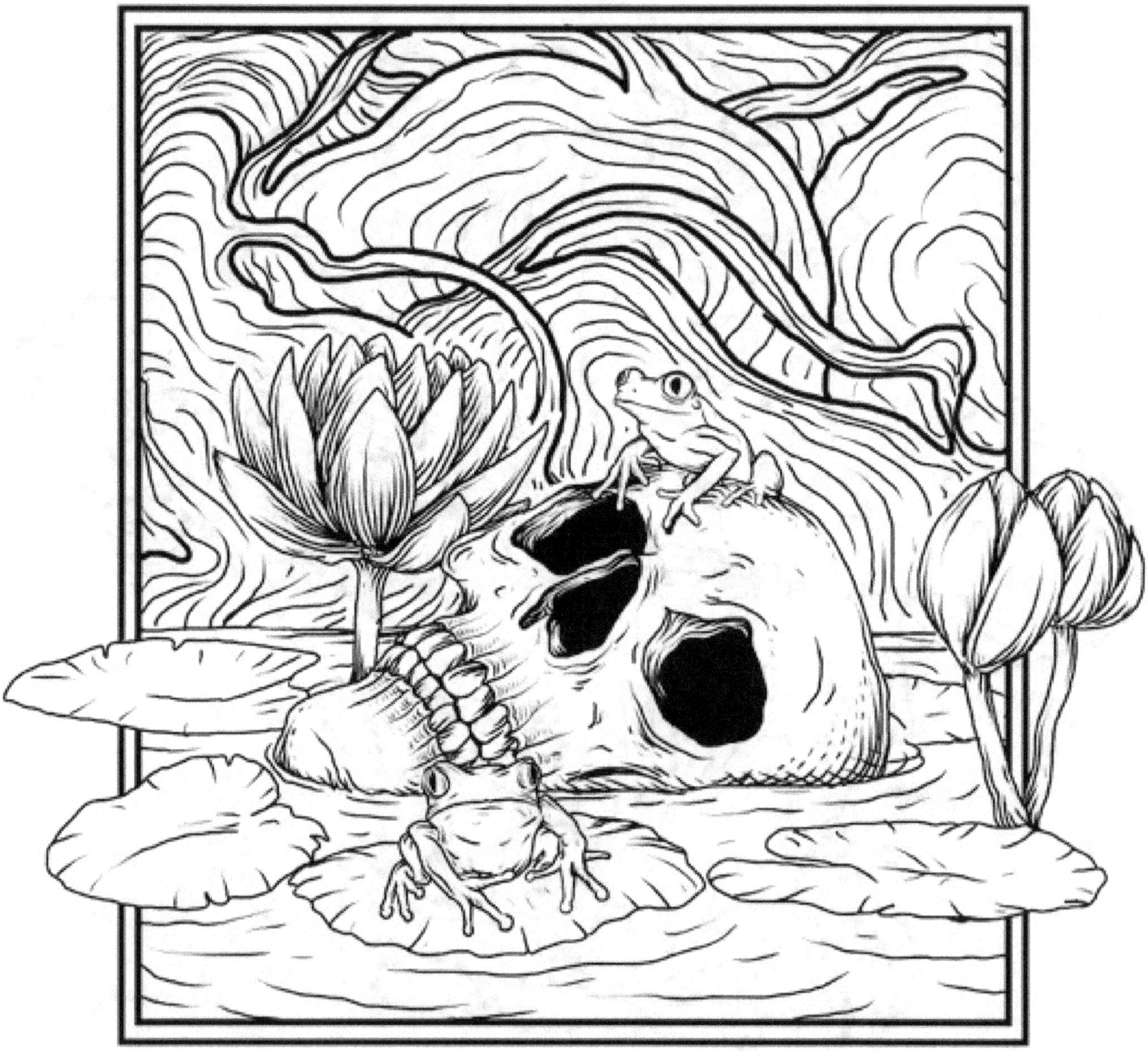

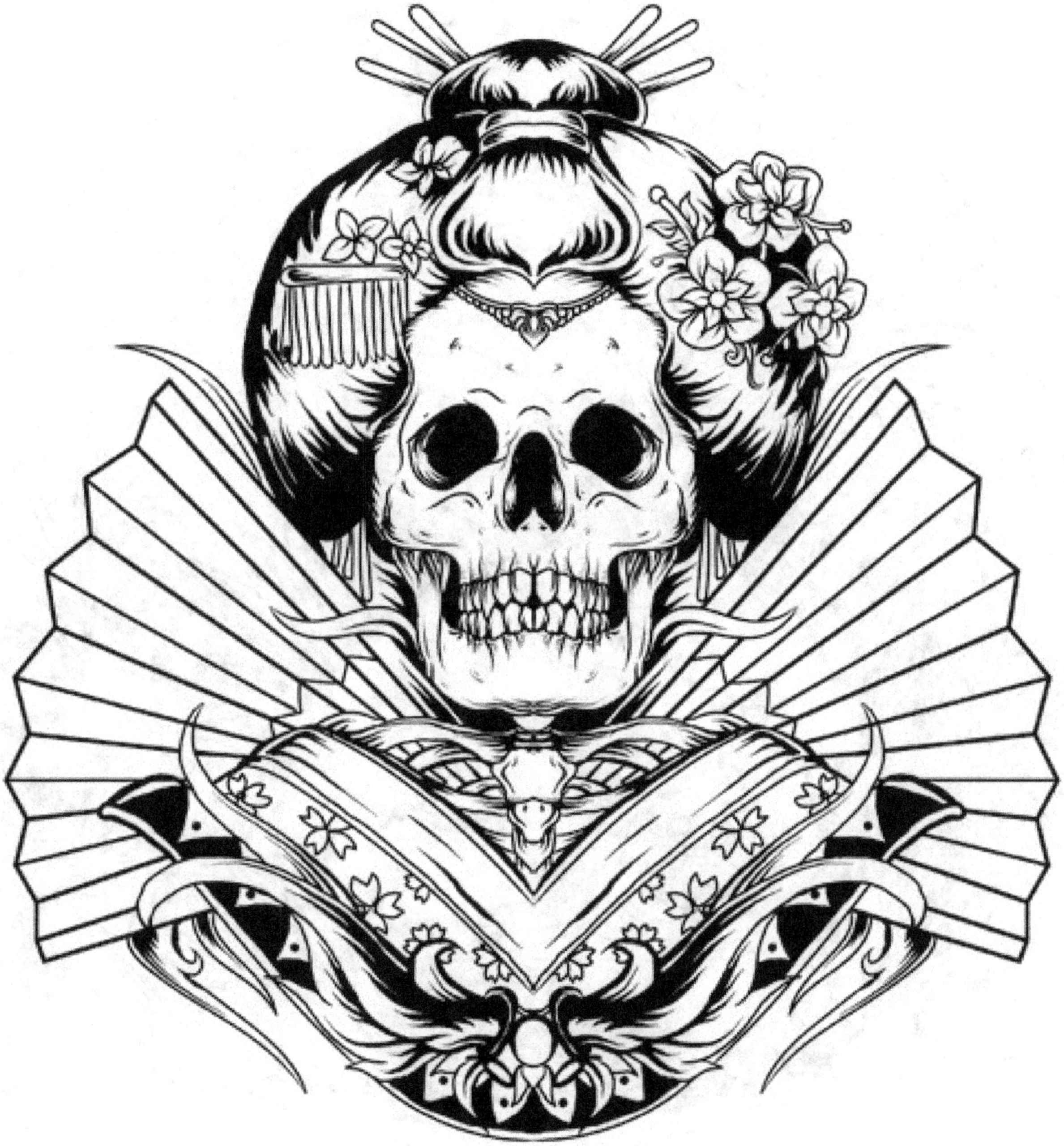

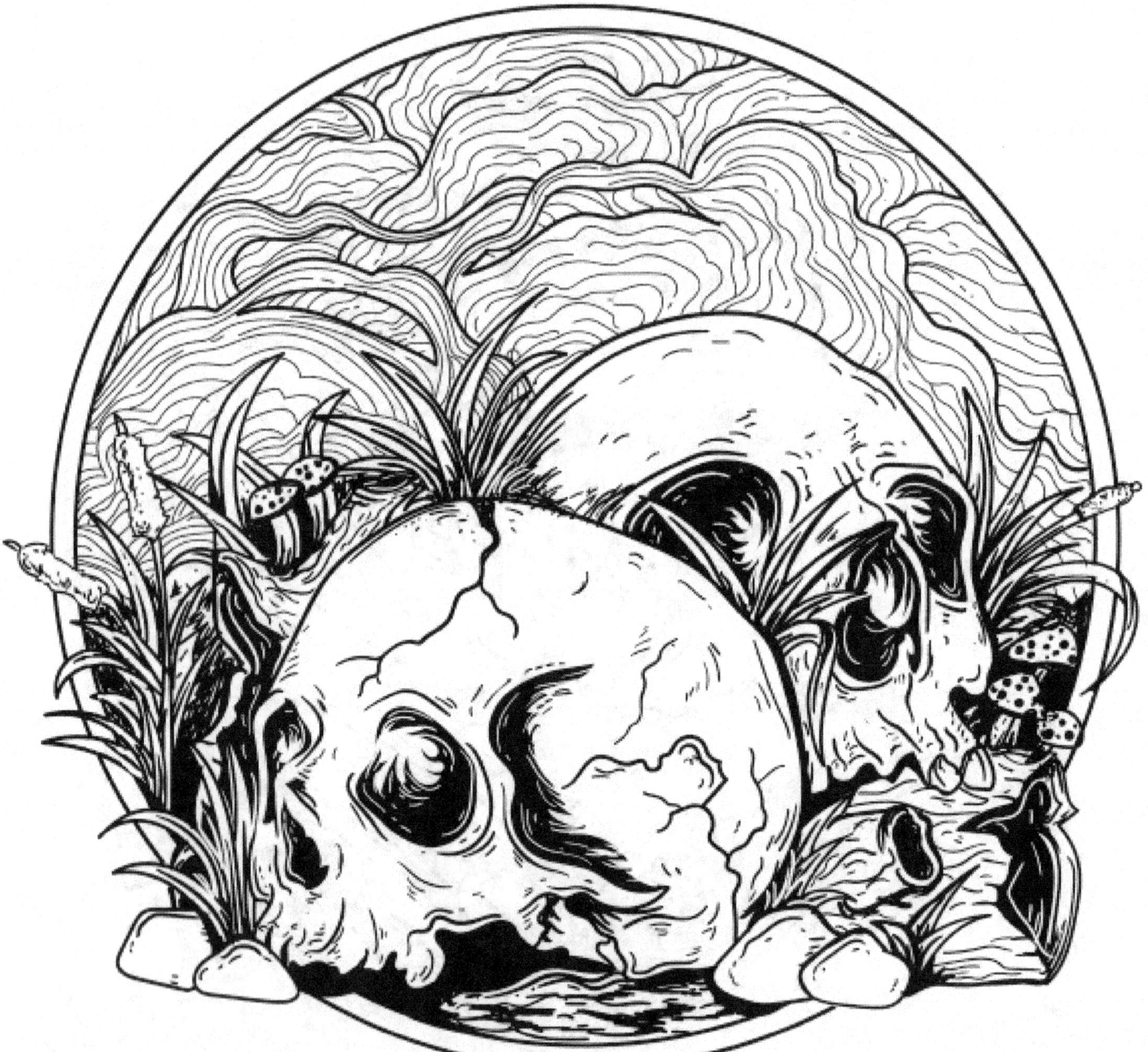

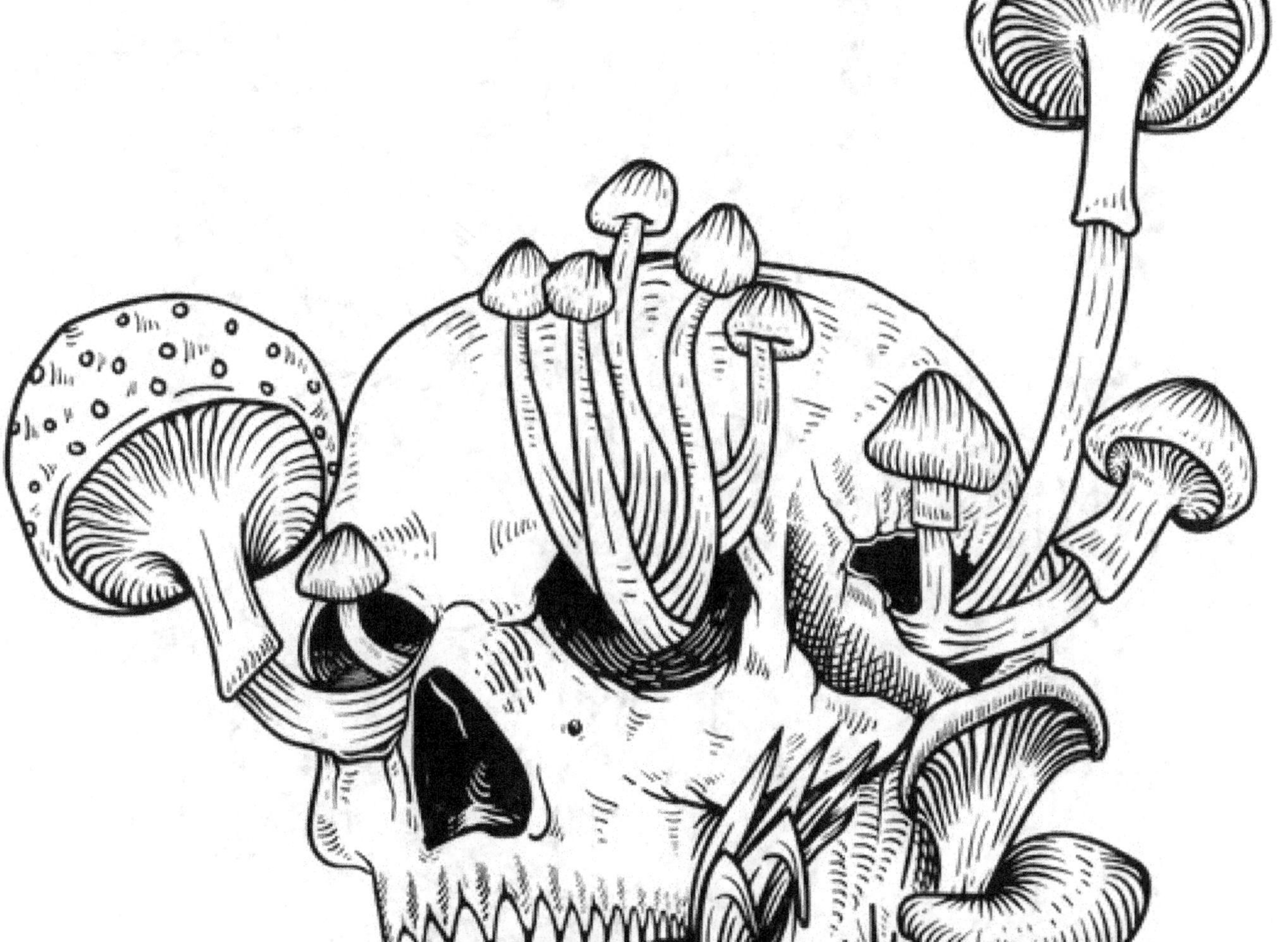

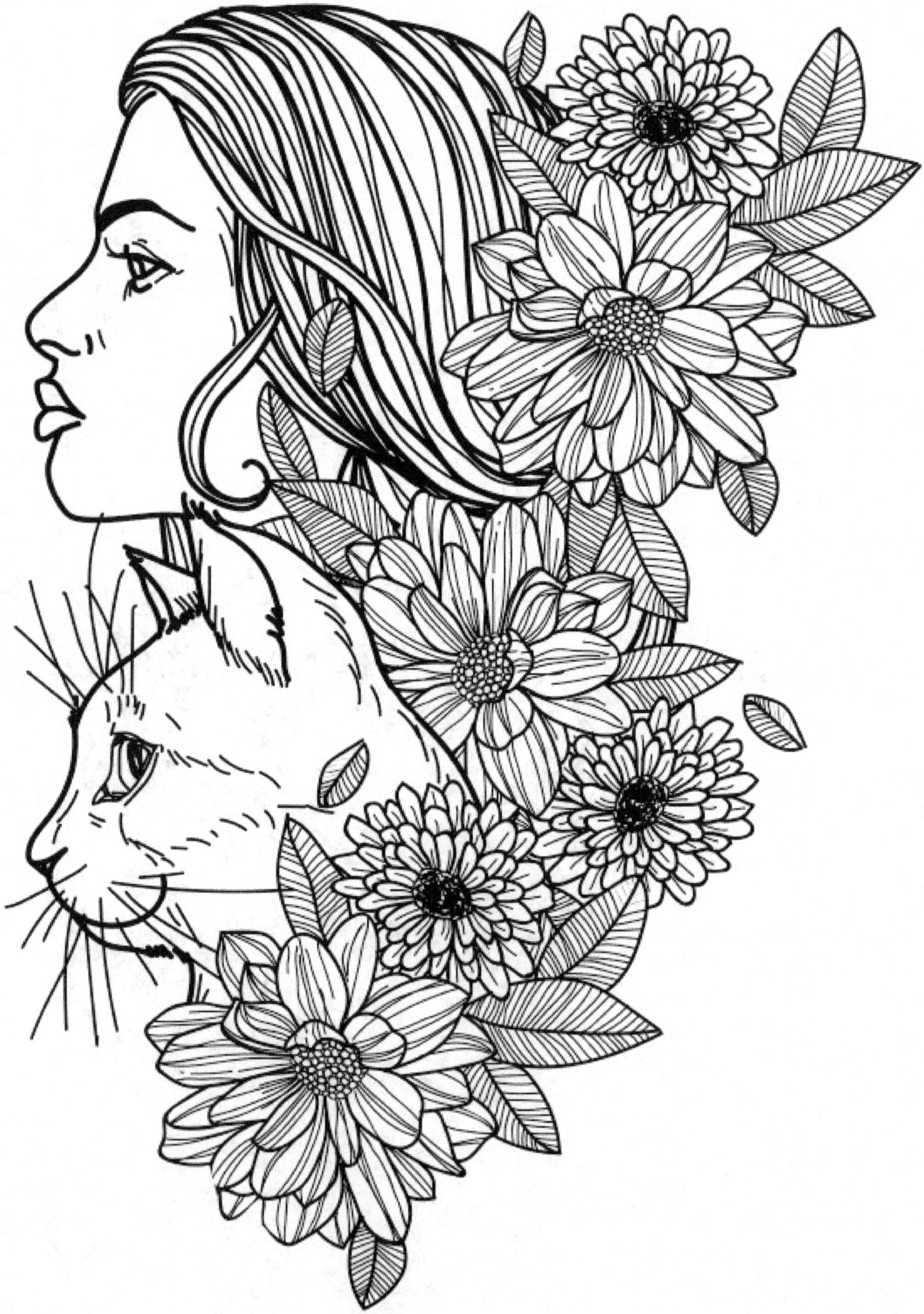

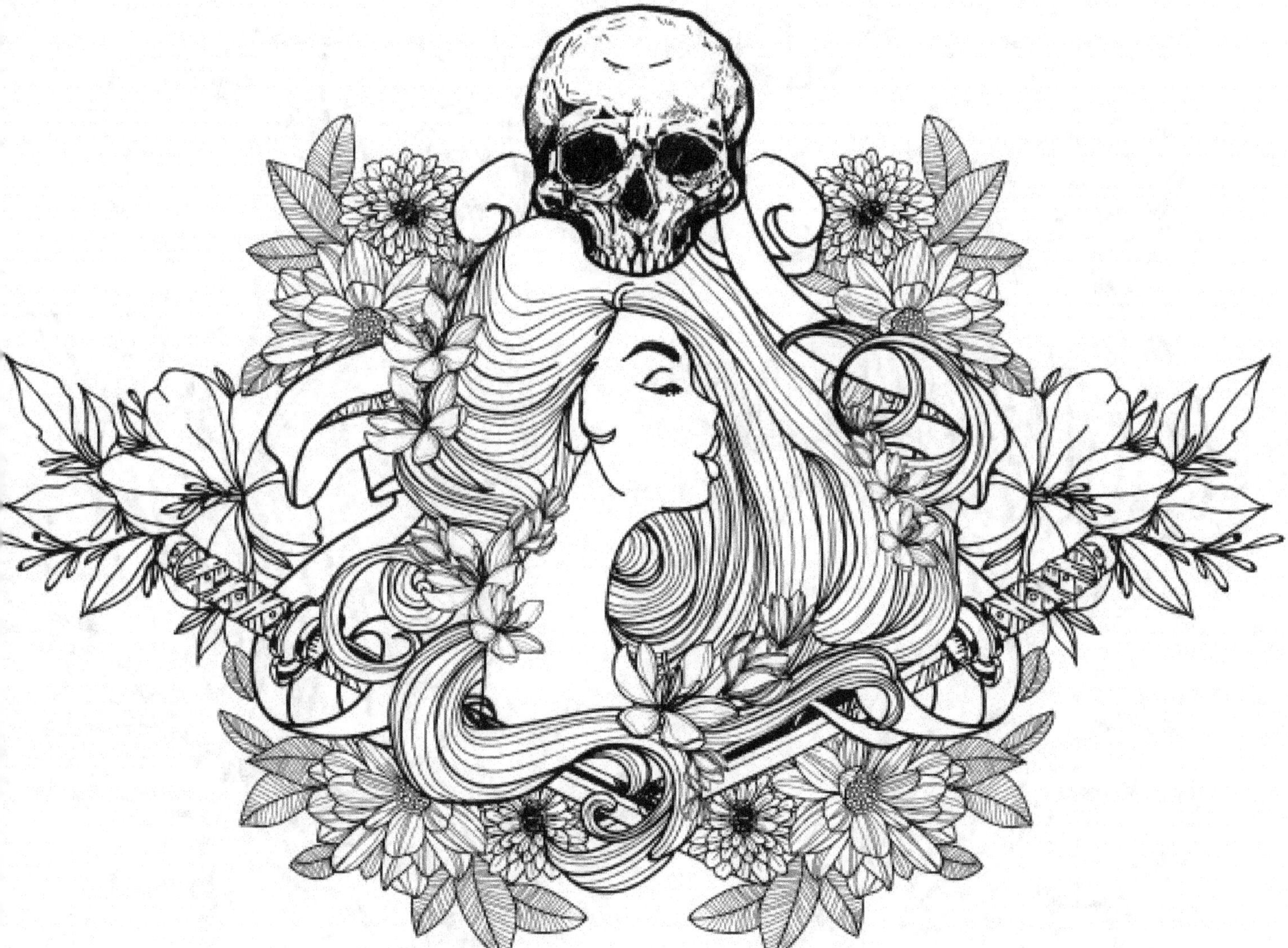

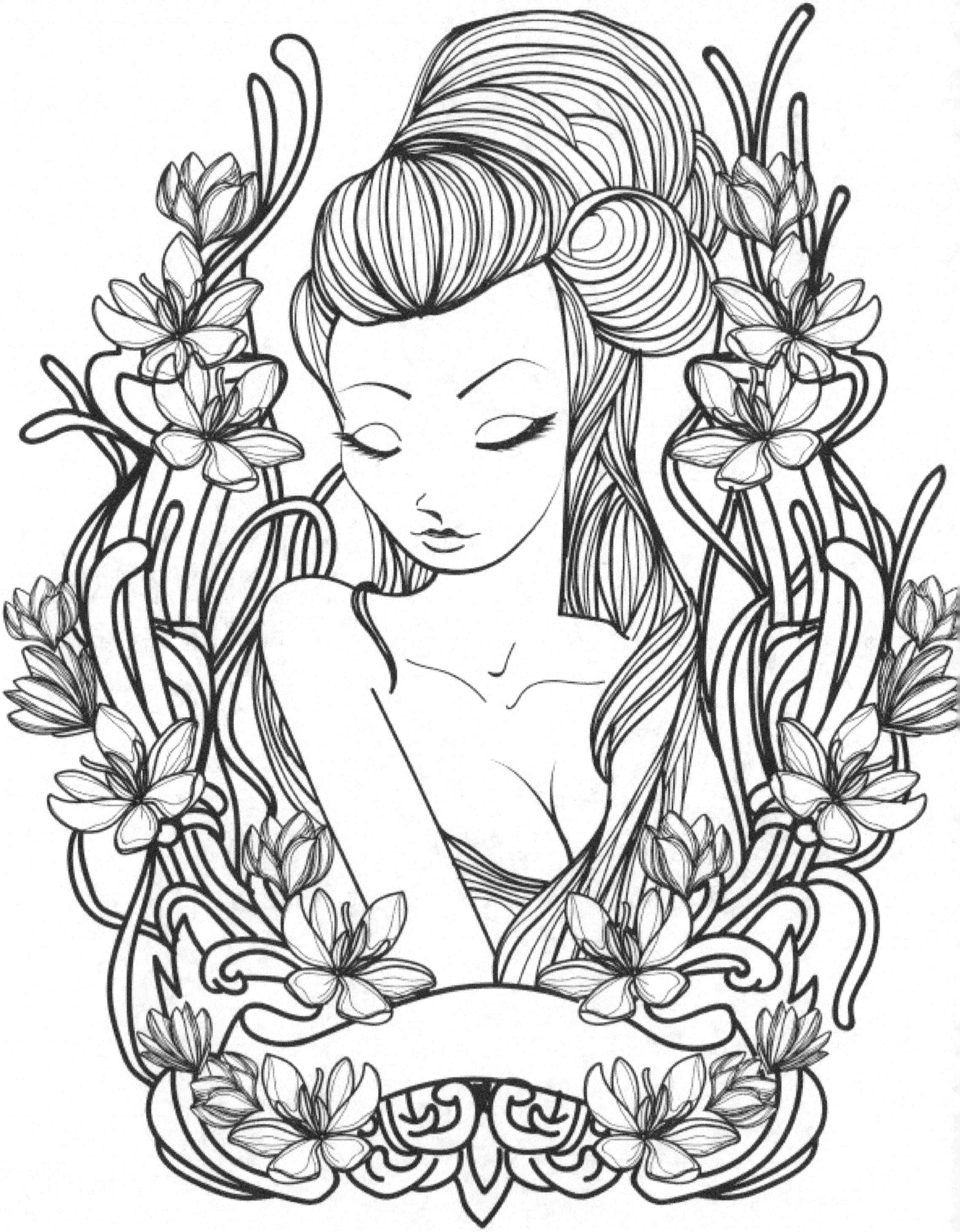

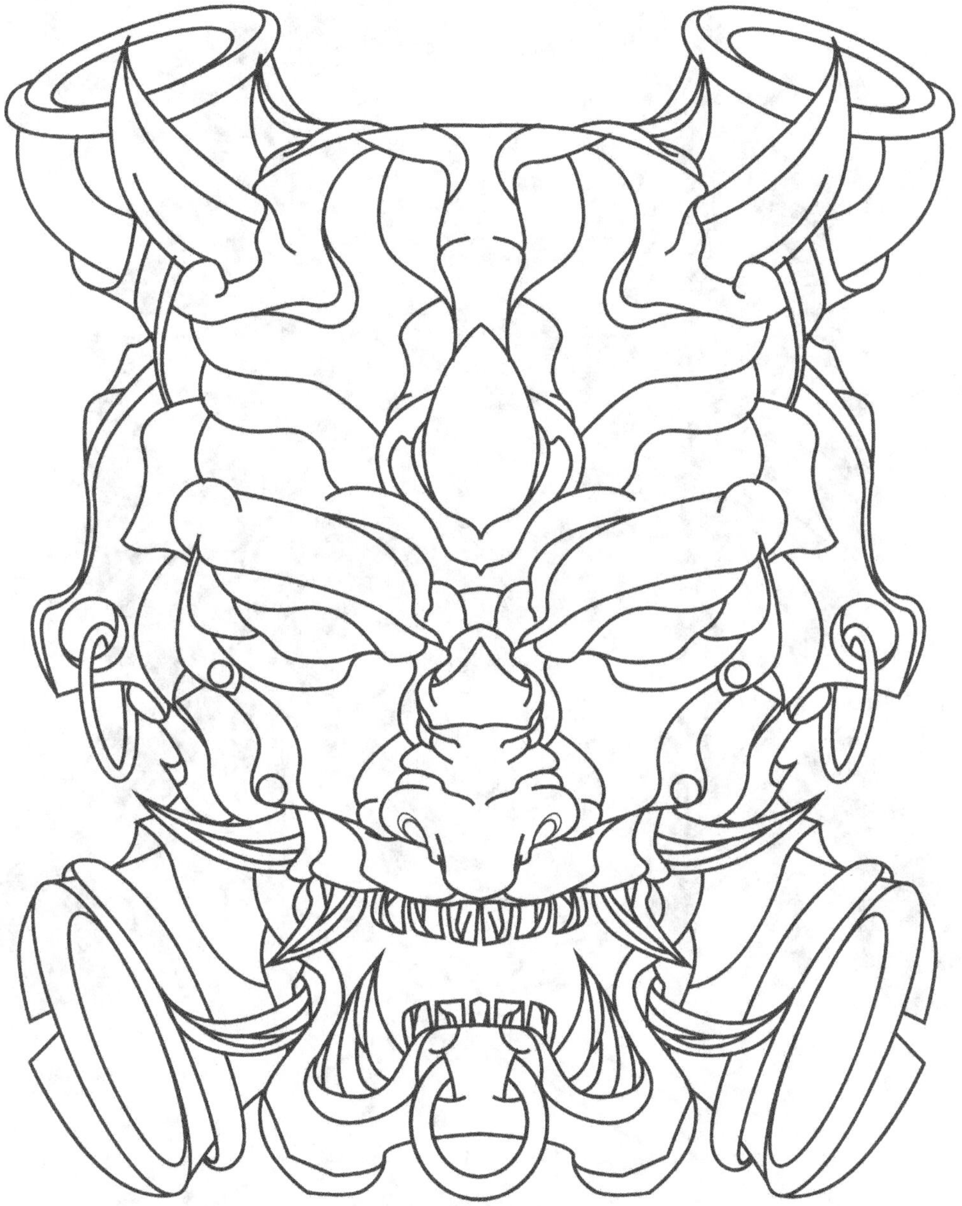

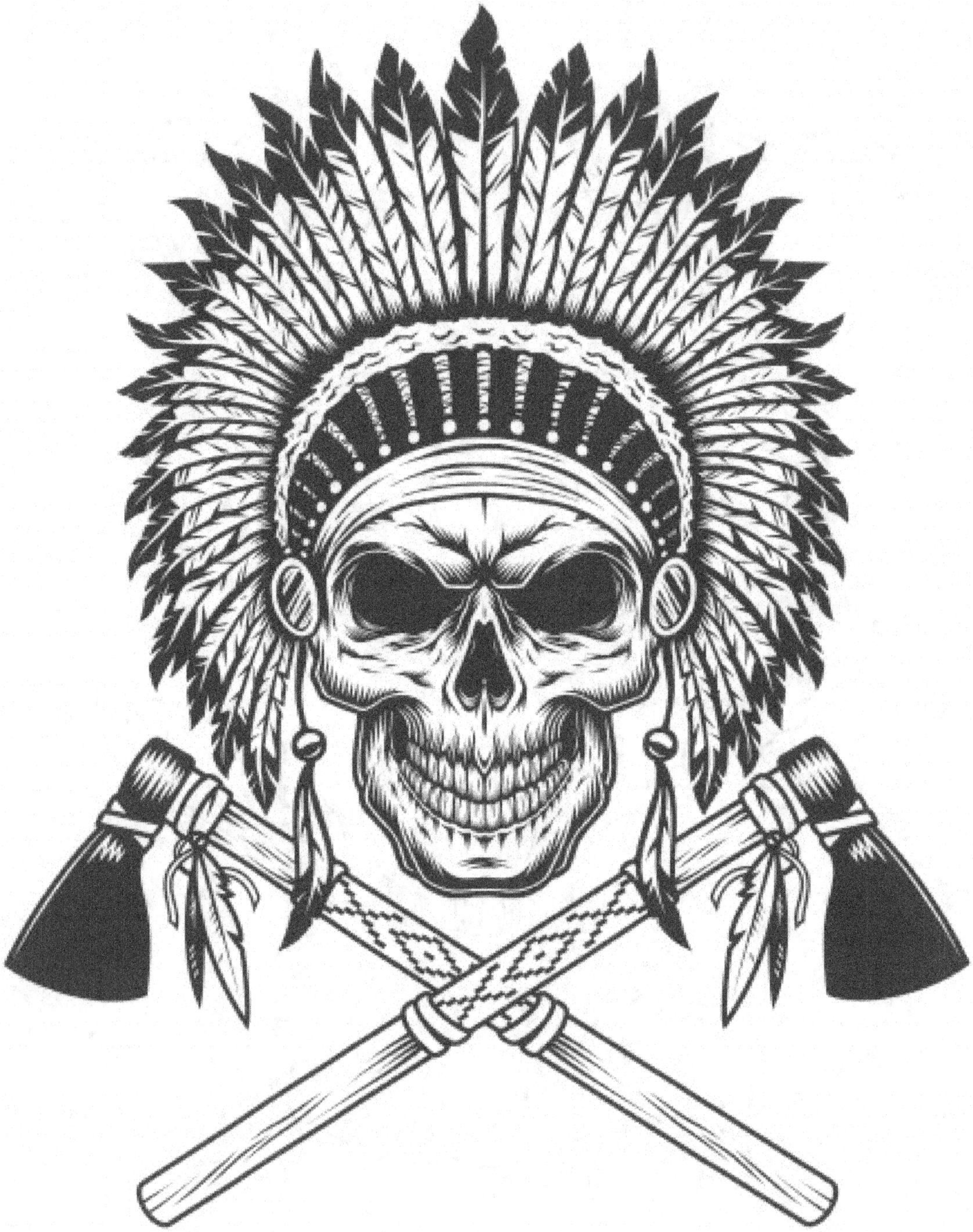

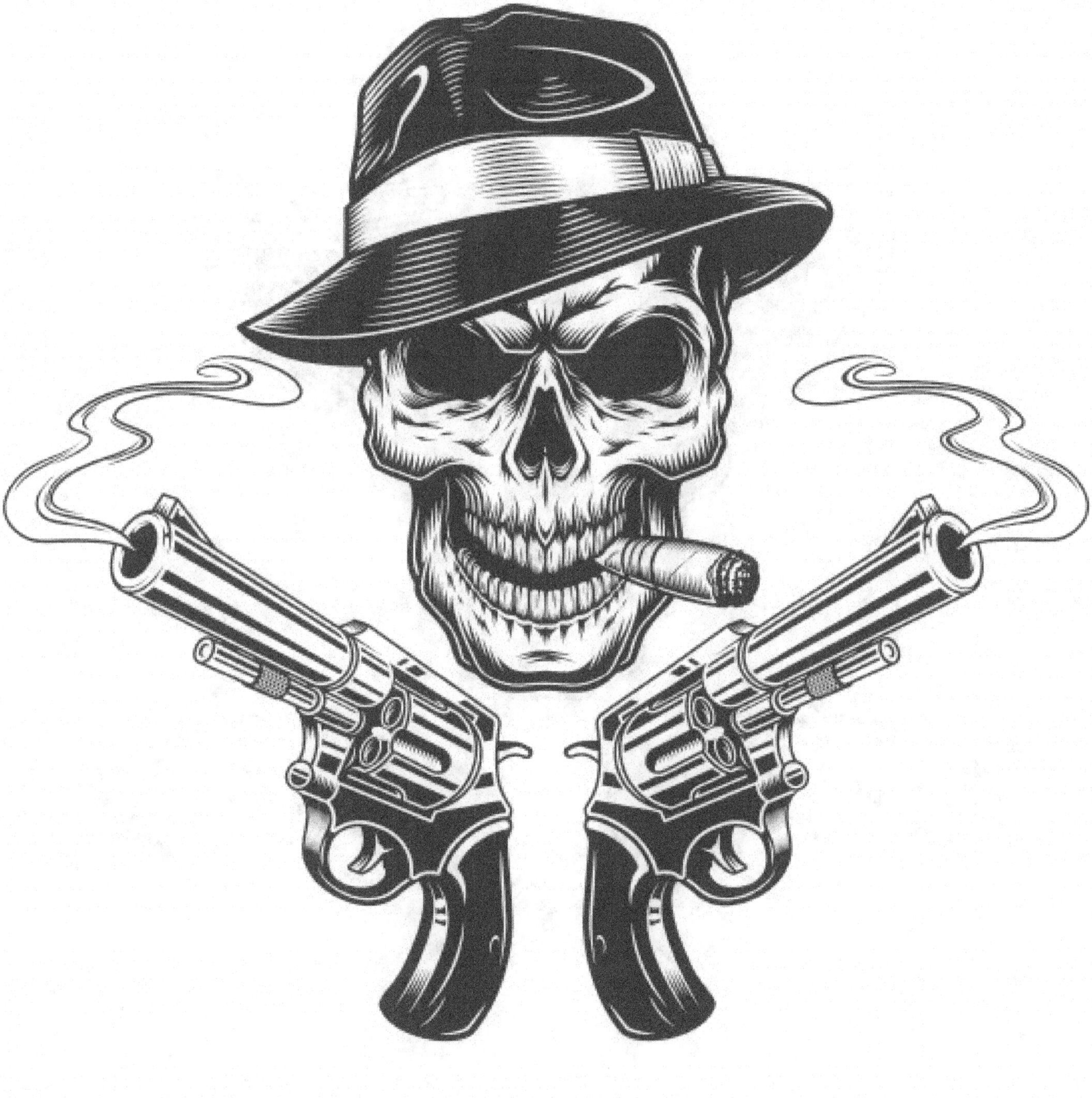

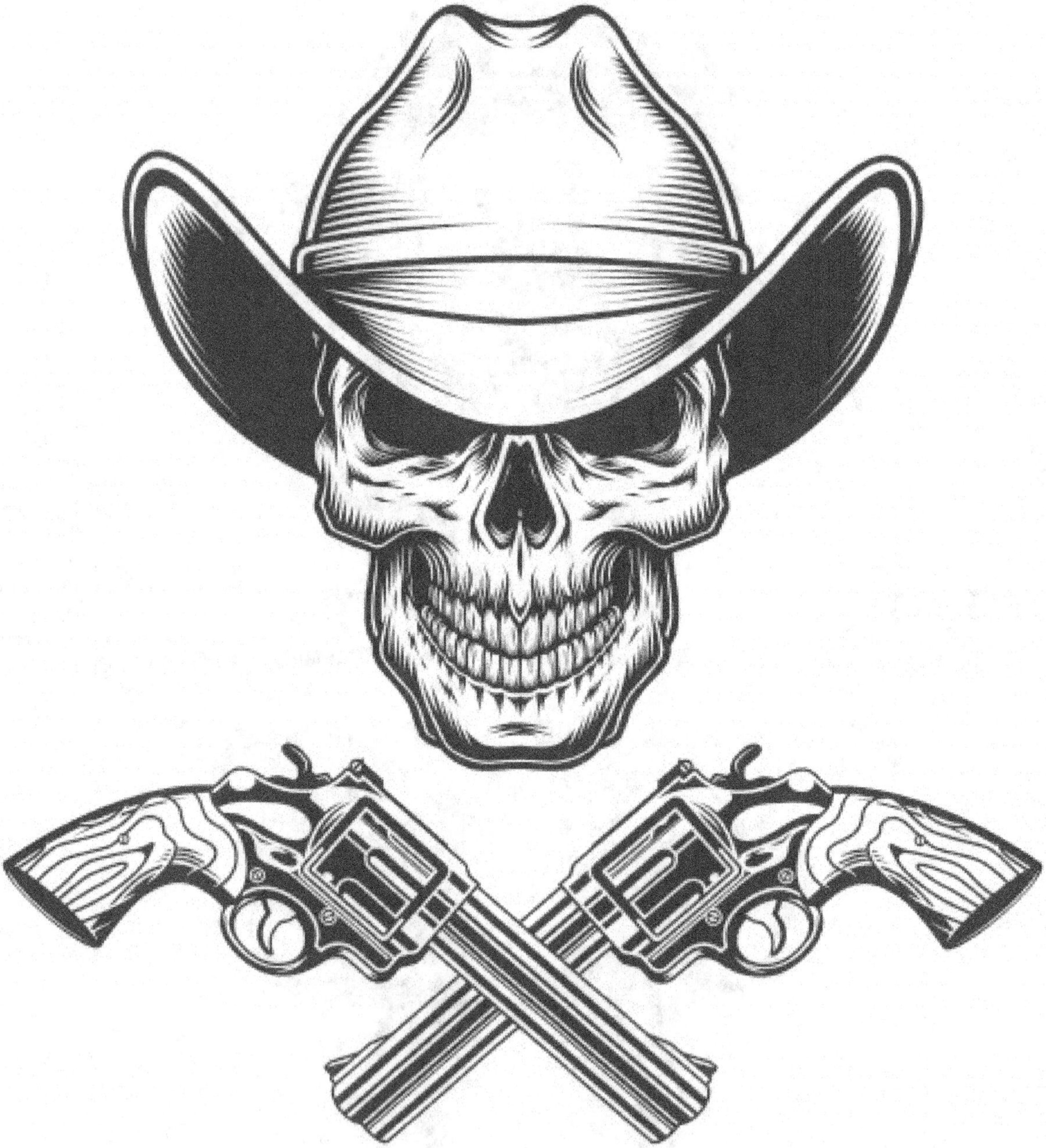

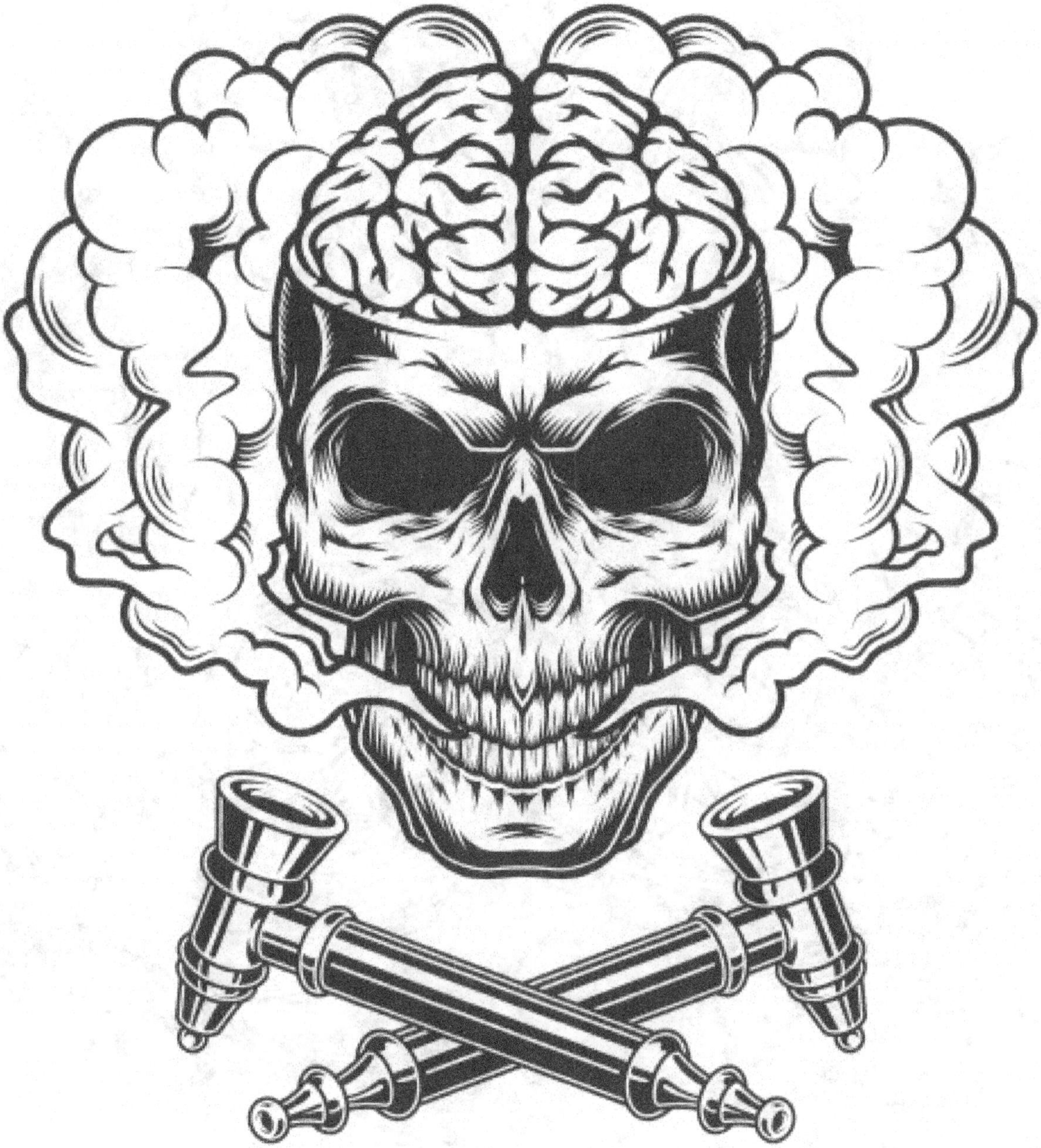

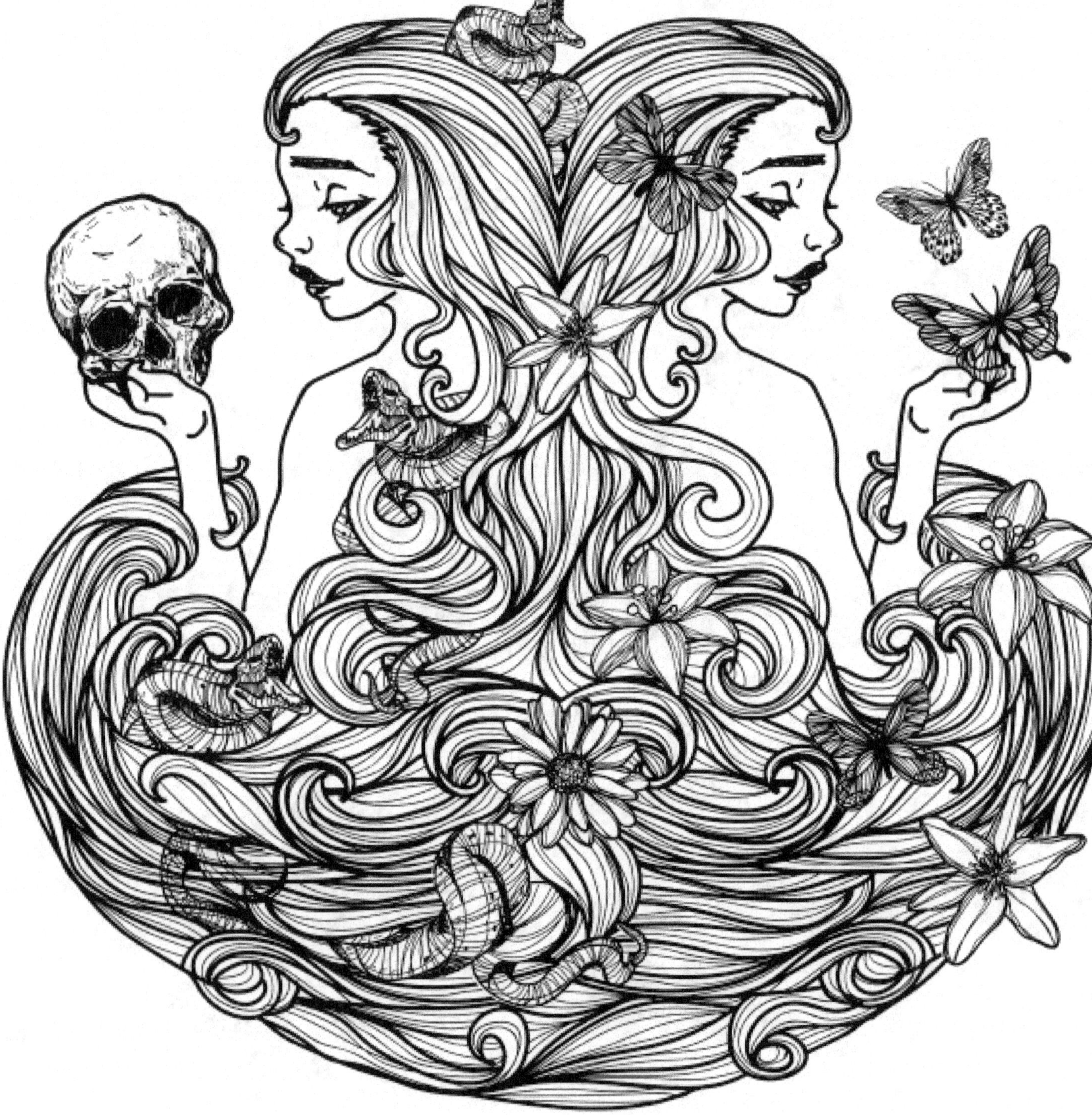

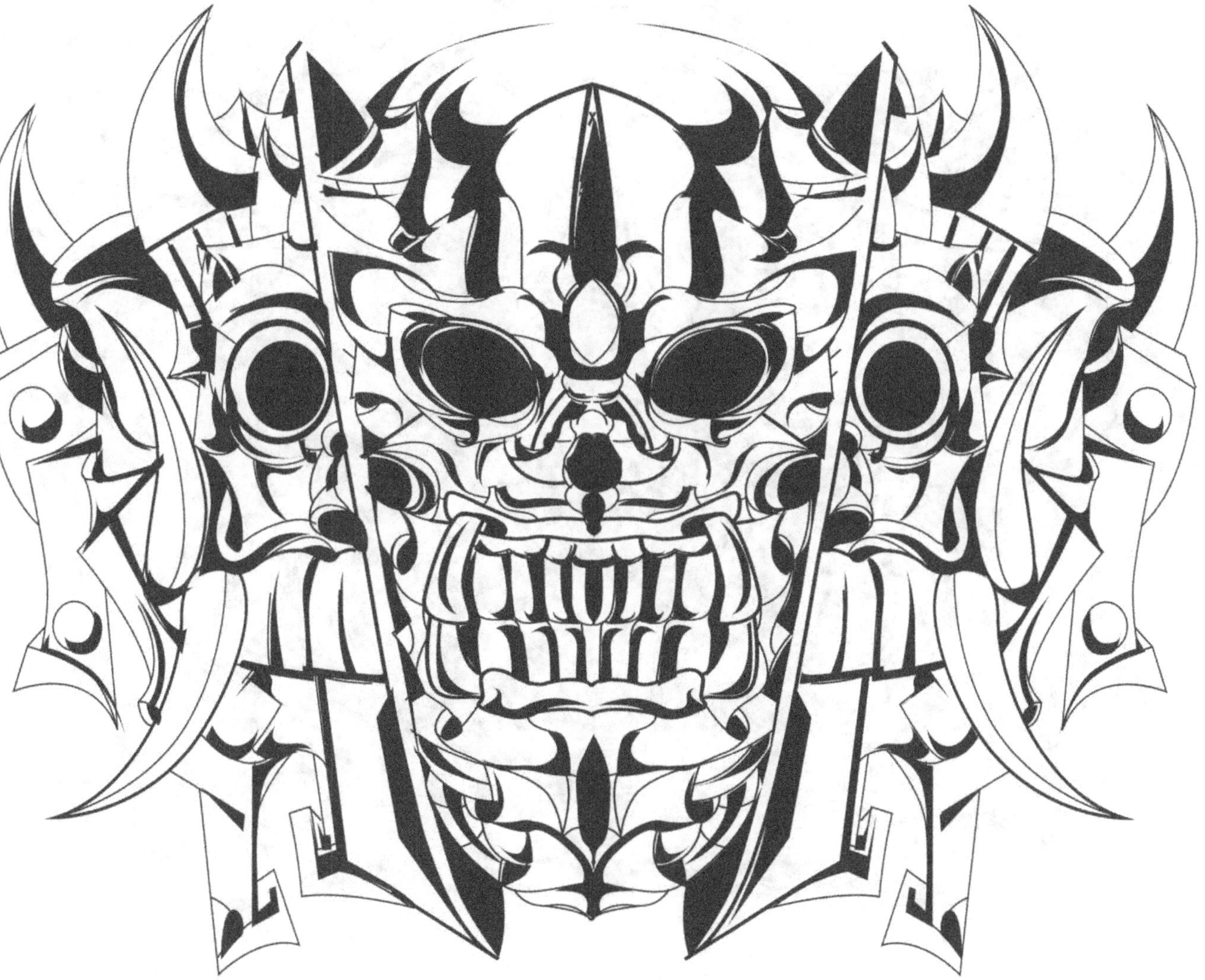

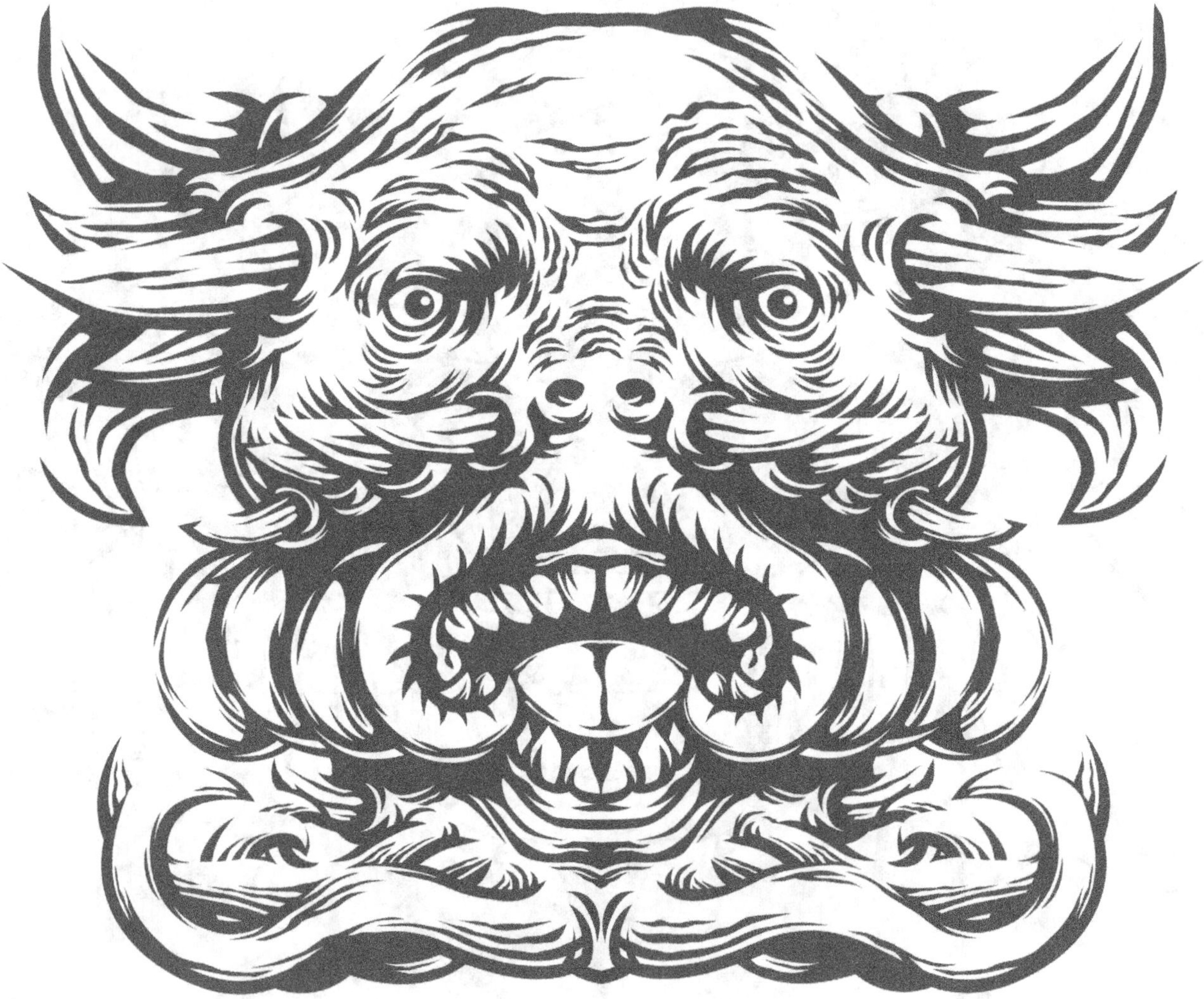

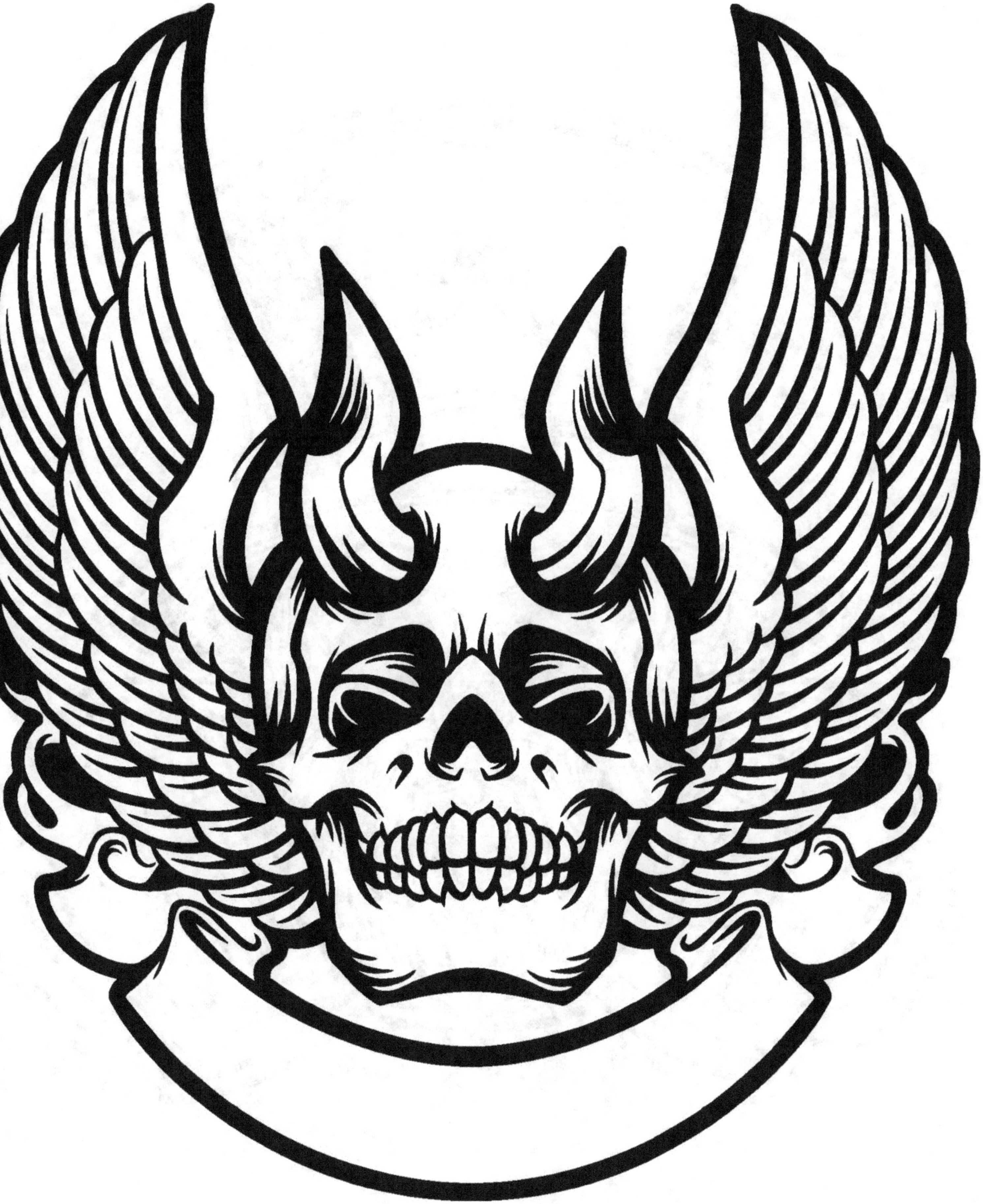

www.ingramcontent.com/pod-product-compliance
Lightning Source LLC
Chambersburg PA
CBHW080937220526
45465CB00008BA/3072
* 9 7 9 8 7 3 5 8 5 4 6 3 0 *